韩国文化教程

尹悦◎主编

華東理工大學出版社
EAST CHINA UNIVERSITY OF SCIENCE AND TECHNOLOGY PRESS
·上海·

图书在版编目(CIP)数据

韩国文化教程 / 尹悦主编. — 上海 : 华东理工大学出版社, 2021.7
ISBN 978-7-5628-6054-9

Ⅰ. ①韩… Ⅱ. ①尹… Ⅲ. ①文化 - 概况 - 韩国 - 教材 Ⅳ. ①G131.26

中国版本图书馆CIP数据核字(2021)第062811号

策划编辑 / 舒欣如
责任编辑 / 舒欣如
装帧设计 / 徐 蓉
出版发行 / 华东理工大学出版社有限公司
地址：上海市梅陇路130号，200237
电话：021-64250306
网址：www.ecustpress.cn
邮箱：zongbianban@ecustpress.cn
印　　刷 / 上海展强印刷有限公司
开　　本 / 787mm × 1092mm　1 / 16
印　　张 / 8.5
字　　数 / 163千字
版　　次 / 2021年7月第1版
印　　次 / 2021年7月第1次
定　　价 / 39.80元

머리말 前言

教育部2020年颁布的《新文科建设宣言》中，特别强调鼓励高校培养学生的跨领域知识融通能力。这对我国外语类专业的人才培养提出了更高的要求。以往外语专业的培养目标主要有二：一是工具性目标，培养学生的听说读写译能力及其在学术或职业领域的交流能力；二是人文性目标，通过外语学习使学生了解对象国的社会与文化，加强对中外文化差异的比较认识，培养学生的跨文化交际能力。但在《新文科建设宣言》和区域国别研究人才紧缺的背景下，国家对外语专业又提出了一个新的要求，培养一批"会外语、通规则、精领域"的区域国别研究人才。这就要求外语专业的学生不仅要精通外语，还要熟悉对象国的政治、经济、历史、外交、文化、社会等方方面面的知识。

目前韩国语专业的教材仍以精读、泛读、听力、会话为主，这些教材注重语言能力的教授，而韩国文化、历史、政治等方面的教材凤毛麟角。本书正是在这种背景下编纂而成，其编写目的就是为了服务于区域国别研究，特别是韩国学研究人才培养的需要。因此，本书涵盖的时间维度和空间维度都较为广泛，既有当代韩国政治、社会、礼仪、教育等的介绍，也有韩国历史、传统民俗、语言发展历程等的讲解。《韩国文化教程》一书以韩国语专业的教师和学生为对象，内容涉及韩国政治、经济、教育、文学等，方便读者快速了解韩国文化的各个方面。与以往纯文字性的韩国文化教材不同，本书加入了许多插图和照片，图文并茂，能够增加读者对韩国文化的感性认识，也更能够吸引读者的兴趣。

本书共由八章组成。第一章介绍了韩国的地理气候和行政区划。第二章介绍了韩国的礼仪和教育文化，涉及礼仪制度、家庭礼仪、学校礼仪、教育制度、高考制度等。第三章重点介绍了韩国人的衣食住行及休闲文化，如传统饮食、饮食礼仪、住宅文化、服饰文化、公共交通和休闲娱乐等。第四章介绍了韩国的历史进程，集中在高丽王朝和朝鲜王朝的兴衰及其代表性历史人物。第五章介绍了韩国的传统民俗和节日，包括节日风俗、婚丧嫁娶和非物质文化遗产等。第六章介绍了韩文的创制、韩文与汉字的关系、韩文的特点。第七章概述了朝鲜韩国文学发展面貌及代表作品，涵盖古代文学、近现代文学和当代文学。第八章介绍了"韩流"的起源与发展、女性地位的变化及韩国的整形与养生文化等。本书的总主编为郑州轻工业大学尹悦，主编有郑州轻工业大学徐迎迎、刘春平、苏姗姗，副主编为广东外语外贸大学全优，参编人员有淮阴师范学院赵文渲、战略支援部队信息工程大学徐丹、上海外国语大学姜璐旸和兴义民族师范学院吴晓晖。其中，第一章由赵文渲编写；第二章由尹悦和徐迎迎共同编写；第三章由尹悦编写；第四章和第七章由苏姗姗编写；第五章和第六章由刘春平编写；第八章由徐迎迎编写。

本书是郑州轻工业大学博士科研基金、中国博士后科学基金第 68 批面上项目“数字人文视阈下朝（韩）主流媒体中的中国形象共时与历时研究”（2020M682323）、2020 年度河南省哲学社会科学规划项目“基于语料库的朝韩外交话语中的中国形象研究”（2020CYY029）和郑州轻工业大学国家级科研项目培育基金的阶段性研究成果。

차례 目录

第1章 韩国概况

一、韩国的地理与气候

韩国全称“大韩民国”，地处东北亚地区的中心位置，三面环海。韩国是典型的半岛国家，北面与朝鲜接壤而居，西面与中国隔海相望，东南面与日本隔海为邻。整个朝鲜半岛全长 1 000 千米，土地面积 222 154 平方千米。其中，韩国国土面积 99 392 平方千米，约占半岛面积的 45%。韩国的海岸线长达 2 413 千米，国土南北跨度约 500 千米，东西跨度最窄处仅为 220 千米。除西南地区的部分平原之外，韩国 70% 的地形为山脉地形。流经首尔的汉江和流经釜山的洛东江是韩国境内最长的两条河流。

韩国国土面积虽然不大，却有多元化的气候特征。受地形影响，韩国属于较为典型的温带大陆性气候国家，四季分明。6 月 ~7 月是韩国的梅雨季节，全年降雨量的 50%~60% 集中在夏季。冬季受西伯利亚冷空气的影响，十分寒冷干燥。1 月为一年中最冷的月份，大部分地区气温会降到零下，部分地区可达零下 20℃。山地多积雪覆盖，城市平原地区的降雪则相对较少。

二、韩国的行政区划

韩国行政区域划分为8市9道。其中，8市为首尔特别市，世宗特别自治市，仁川、光州、釜山、大邱、大田和蔚山六个广域市。9道分别为江原道、京畿道、庆尚北道、庆尚南道、忠清北道、忠清南道、全罗北道、全罗南道和济州特别自治道。8市9道的一级行政区被称为“广域自治团体”，二级行政区则被称为“基础自治团体”，一般行政名称为市郡制（类似我国县市制），市郡以下的基层组织又分为面、邑、里、洞。邑和面相当于我国的乡和镇，里相当于村，洞相当于街道社区。

由于历史、地理以及方言差异等原因，韩国习惯上又被划分为首都圈、大田圈、关东地区、湖南地区、岭南地区和济州地区六大区域。其中，首都圈以首尔特别市为中心，包括京畿道和仁川广域市。大田圈指以大田广域市为中心的忠清南道和忠清北道，包括新兴的世宗特别自治市。关东地区一般指韩国东部大关岭以东地区，主要是江原道。湖南地区指锦江以南，以光州广域市为中心的全罗南道和全罗北道。岭南地区指小白山脉竹岭以南的地区，主要是庆尚北道和庆尚南道，包括蔚山广域市和釜山广域市。济州地区指济州特别自治道管辖区域，包括一些离岛。这种传统的划分方法与韩国的行政区划虽然并非完全吻合，但这却是韩国民众心中约定俗成的地理区划。

（一）首尔特别市

韩国有一句俗语：“只要能到首尔，哪怕横着走也行（모로 가도 서울만 가면 된다.）”，这句话充分体现了首尔在韩国的重要地位。首尔作为一座与地形融为一体的美丽城市，被汉江一分为二，现行区域共有25个区。南北长约30.3千米，东西长约36.78千米。（来源：首尔市政厅官网）首尔是韩国的首都，位于韩国西北部的汉江流域，地处东经126.58度、北纬37.33度。首尔作为韩国的政治、经济、科技和文化中心，常住人口约一千多万。如果加上周边的卫星城市，首都圈的人口总计两千多万，约占韩国人口的一半。首尔曾经是朝鲜王朝的都城，被称为汉阳。1395年朝鲜王朝将汉阳改称汉城，日本殖民时期更名为京城，1945年光复之后恢复原名汉城，2004年又更名为首尔。以首尔为中心建设的地铁联通了西边的仁川广域市和周边的京畿道，构建了服务韩国一半以上人口的居住网络，并创造了约占韩国经济总量70%的首都圈。首尔1988年成功举办奥运会，2002年又与日本东京合办了世界杯。

（二）仁川广域市

仁川广域市位于朝鲜半岛中西部、汉江下游，距首尔市仅28千米左右。仁川作为韩国的门户城市，拥有韩国最大的空中交通枢纽——仁川国际机场。仁川是朝鲜历史上最先向世界敞开大门的城市，1883年，朝鲜王朝将其定为通商城市，结束了朝鲜数个世纪的闭关锁国政策。凭借独特的地理位置和全球最佳的国际机场，仁川广域市成了当之无愧的“韩国的大门”。

（三）京畿道

京畿道位于韩国中西部，东临江原道，北依朝鲜黄海道，南接忠清南道与忠清北道，西靠黄海。汉江自东而西，横穿京畿道。以汉江为轴线，京畿道被分为江北与江南。京畿道东南地区为广阔的平原地带，其东北地区则属于山岳地带。

追溯历史，京畿道这一地名是在高丽王朝整顿行政管辖体制时启用的。“京”指京城，有统治者居住中心之意；“畿”有“以王起居地为中心，方圆150千米之地”之意。高丽世宗十四年，在“京”周围设六赤县和七畿县，高丽显宗九年，此二县合并，正式启用“京畿”之名。高丽恭让王二年，京畿地区发展扩大为44个县，首次跃升为道级行政组织，由此，京畿道被分为“左京畿”和“右京畿”两个行政区域。

朝鲜王朝时期，汉阳（今首尔）被指定为首都，左、右京畿合并改称为京畿。京畿道首府设在水原市，总面积为10 175平方千米，是首尔面积的17倍，占韩国国土面积的10%。2020年，京畿道城市居住人口超过了1 346万人，加上首尔与仁川为首的首都圈地区，京畿道人口超过韩国总人口的50%，是韩国的核心地区。

（四）江原道

江原道位于朝鲜半岛东北侧的中间地带，南北长、东西短。北侧与朝鲜咸镜南道接壤，南临庆尚北道，东临日本海（韩国称之为东海），西南和西北毗邻忠清南道和京畿道。江原道山地地形约占总面积的82%，汉江和洛东江均发源于江原道，雪岳山、五台山、太白山和雉岳山等韩国名山均位于江原道。江原道山林密布、物产丰富。韩国最具代表性的民谣《阿里郎》就诞生于江原道的旌善郡。从朝鲜王朝时代开始，春川市一直都是江原道的首府。

（五）忠清南北道

以锦江为界，忠清道被分为南北两道。忠清北道地形上呈南北狭长形，是韩国唯一的内陆道。忠清北道的地形多为山地，经济上以农业为主。道首府设在清州市，是高丽佛经《直指》的诞生地。联合国教科文组织于2001年9月确认了《直指》是现如今世界上最古老的、使用金属活字印刷术印制的佛经，并将其列入世界记忆遗产名录。忠清南道位于忠清北道西侧，是世界上最大的石化工业制造园区之一。忠清南道有现代石油、乐天化工、沙特阿拉伯－美国联合石油公司（ARAMCO）、法国的道达尔（TOTAL）以及日本的三菱丽阳等世界重要石油化工企业。清州市、公州市和大田广域市不仅是忠清南北两道的地理中心，也是韩国中部的政治、经济和文化中心。

大田广域市位于忠清南北道之间，因其位于韩国中部，又被称为“中都”，是通往“三南地区”的门户（三南地区指的是锦江以南的忠清、全罗、庆尚三道）。

大田是韩国六大城市之一，面积、人口位居全国第五。大田广域市是韩国尖端科技研究的中心城市，拥有韩国核能研究院、韩国航空航天研究院、韩国电子通信研究院、韩国机械研究院等科研机构。

（六）湖南地区

湖南地区被誉为“韩国的米仓”，包括全罗北道、光州广域市和全罗南道，位于朝鲜半岛西南端，与我国山东省、江苏省隔海相望。

全罗北道位于韩国西南部，行政面积 8 066 平方千米，占韩国国土面积的 8%。全罗北道在三韩[1]时期曾是马韩的中心。到了三国[2]时期，马韩被百济合并，之后全罗北道便属于百济领地。到罗文武王十六年，全罗北道又归属于新罗。

全罗北道的地形由山地和平原构成，因此全罗北道又号称韩国最佳谷仓地带。数千年来作为韩国饮食文化的命脉，全罗北道传承了最具韩国特色的饮食、时尚和艺术。

目前全罗北道设有 6 个市、8 个郡。全州作为全罗北道的首府，是韩国最具代表性的饮食——石锅拌饭的发源地。全州亦是朝鲜王朝的发源地，拥有长达一千二百多年的悠久历史，全州的韩屋村至今仍保存着八百多栋完好的韩式传统房屋，因此全州市是体验韩国传统文化的重要城市。全州最出名的“三韩”为韩屋、韩餐、韩纸。在这里，每年会举办一场以独立电影、数字电影和实验电影为主的全州国际电影节，吸引众多国家来此参展。

除此之外，全罗北道还是天主教、圆佛教、东学思想等各种文化聚集融合之圣地。韩国的传统民乐盘索里也诞生于此，盘索里以韩国的农乐、农耕生活为背景，表达了朝鲜民族的恨与悲。

全罗北道是韩国重要的客车和货车生产基地，韩国的客货车 90% 产自于此。韩国的群山造船厂亦位于此，这为“绿色造船海洋产业世界摇篮”的建设奠定了基础。韩国唯一的碳纤维生产基地也建在这里。

1　三韩是对古时候朝鲜半岛中南部地区政治集团的统称。三韩分别是马韩、辰韩、弁韩。
2　这里的三国指的是新罗、高句丽、百济，三国时期是公元前 1 世纪到公元 7 世纪左右。

光州市位于湖南地区中心地带，西边是平原，东边是山地，地处山地和平原的过渡地带，这片区域在河流冲击之下形成了肥沃的土壤。1986 年，光州从全罗南道分离升级为直辖广域市。光州一直是湖南地区的经济、行政、文化中心。作为培养出众多致力于乡土与现代艺术相结合的艺术家的艺术之乡，光州定期举办光州美术双年展、光州设计双年展等国际性的文化庆典活动。同时，光州的泡菜美食节享誉全球，其“味乡”之名由此而来。在经济产业方面，光州市不仅是韩国第二大汽车生产城市，亦是政府积极扶持的新能源、光学、文化创新设计等新生代战略产业基地。此外，被誉为“军歌之父”的中国著名作曲家郑律成先生也出生于光州，所以光州每年都会举办“郑律成音乐节”。

全罗南道位于韩国西南部，是韩国最具原生态，绿色植被最多的地区。全罗南道由 5 市 17 郡构成，土地面积约为 12 335 平方千米，约占韩国国土面积的 12%。其东部是丘陵，西南部是众多岛屿，其中无人岛超过 1 900 座。全罗南道以美食和农业种植为中心，充满了乡土气息。全罗南道 25% 以上的人口从事农业，远远超过韩国的平均农业人口占比——7%，因此全罗南道也被称为“农道”。全罗南道境内有三大河流：蟾津江、荣山江、耽津江，这三条河流孕育了肥沃的农耕土地。全罗南道的主要平原有罗州平原和湖南平原，这两大平原形成了韩国首屈一指的粮仓地带，所以全罗道的绿色农产品产量位居全国之冠。

（七）庆尚道

庆尚道位于朝鲜半岛东南部，又被称为岭南地区。庆尚北道北邻江原道、忠清北道，东临日本海，西边与忠清北道、全罗北道接壤，南边与蔚山广域市、庆尚南道相连。庆尚北道的面积为 19 029 平方千米，约占韩国国土面积的 19%。庆尚北道现有行政区域 10 市 13 郡，首府设在安东市。

佛教文化、伽倻文化、儒教文化等三种文化在庆尚北道地区得到了继承和发展，形成了独一无二的地域文化。庆尚北道拥有两处世界文化遗产——庆州市的良洞村和安东市的河回村。前者的所在地庆州市曾是新罗王朝的首都。庆州地区的古墓、寺庙、岩刻、佛塔、宫殿遗址的数量位居全韩第一，因此庆州素有“没有墙的博物馆”的美誉。其中，佛国寺被联合国教科文组织认定为世界文化遗产。

庆尚南道位于朝鲜半岛的东南端，东面与釜山和蔚山广域市相接，南面与东海相邻，北面与庆尚北道的清道、高灵、星州和金泉毗邻，西面与全罗北道的茂朱、长水、南原以及全罗南道的求礼、光阳相邻。庆尚南道面积为 10 532 平方千米，约占韩国国土面积的 10%。行政区域包括 8 市 10 郡，首府是昌原市。位于庆尚道东南部的蔚山广域市是韩国重要工业和港口城市，被誉为韩国的“工业首都”。蔚山市拥有世界上最大的船舶制造基地、韩国现代集团最大的汽车制造厂和韩国最大的石化企业。

（八）釜山广域市

釜山广域市位于朝鲜半岛东南端，是韩国第一大港口城市。釜山东南临朝鲜海峡、洛东江流经西边，与日本的对马岛相望；西北方向山地耸峙，南边又有群岛屏障，是朝鲜半岛南部最重要的门户城市。釜山土地面积为 769 平方千米，人口 352 万人，设 15 区 1 郡。釜山的机械工业、造船工业、轮胎业较为发达，水产品出口也在韩国出口贸易中占有重要位置。釜山港与世界诸多著名港口通航。1996 年创办的釜山国际电影节，已发展成为世界知名电影节之一。

（九）济州特别自治道

济州特别自治道处于韩国最南端，由济州岛及其周边附属岛屿组成，下辖济州、西归浦两市。济州特别自治道面积为 1 848 平方千米，约占韩国国土面积的 2%，常住人口 59 万。济州岛是韩国最大的岛屿，韩国最高峰汉拿山便位于济州岛的中心。济州岛是火山岛，其饮食、方言、自然环境等与韩国其他地区差别较大，因此也被称为“韩国夏威夷”。济州岛有“三多岛”之称，“三多”的寓意是风多、石头多、女性多。此外，济州岛还有“三无岛”之称，“三无”意指没有乞丐、没有小偷、没有大门。济州市为济州岛的首府，土地面积为 977 平方千米，人口 43 万，是济州特别自治道的政治、经济、教育、文化中心和海陆空交通枢纽。西归浦市因其清澈的海水、适宜的温度，成为韩国最佳潜水地。

第 2 章　韩国礼仪与教育

一、礼仪

（一）礼仪之邦

自古以来，韩国就被称为礼仪之邦。历史上，亚洲很多国家深受中国儒家文化的影响，韩国就是其中之一。韩国和中国同属“儒家文化圈”，儒家文化在韩国得到了很好的继承与发展。

孔子作为儒家文化的鼻祖，不仅在中国，在韩国也具有深远的影响。大部分韩国人深受儒教思想的熏陶。儒教文化作为一种信仰，从古至今一直在韩国的思想史上占据着主导地位。“为国尽忠，敬信节用，爱民如子，人伦之中，忠孝为本”等孔子提出的理念思想，已扎根于韩国的土壤，并融入韩国人的血液中，成为促进朝鲜民族发展的精神动力。

1945 年 8 月 15 日，朝鲜半岛光复后，美军进驻韩国。与此同时，西方文化给韩国社会的主导文化——儒家文化带来了巨大的冲击。在两种文化的“对抗”中，儒家文化再次发挥了重要作用。韩国充分借鉴了孔子提出的“和而不同”的思想观，在学习西方技术和先进理念的同时，“取其精华，剔其糟粕”。由于儒学思想对韩国社会发展做出了巨大贡献，时至今日，韩国人依然非常推崇儒家精神，把孔子敬为“万师之表”，每年举办一系列的祭拜活动。

（二）家庭文化

一直以来，韩国是单一民族国家。进入全球化时代以后，随着跨国婚姻数量的迅速增长，韩国的单一民族社会传统才逐渐被打破。因此，和世界上的许多国家相比，韩国人的民族认同感要强烈得多。

1. 大家庭

早在上古时代，朝鲜民族祖先便以群居的形式生产、生活。在共同协助的过程中，朝鲜民族自然而然形成了强烈的“共同体意识”，而正是这种共同体意识奠定了现代韩国家庭文化观的基础。

在韩剧中，我们能看到韩国人在指称家庭成员以及自己所属单位、国家时，喜欢使用“우리（我们）”来表述,如“우리 회사（我们公司）”和“우리 나라（我们国家）”。个体从属于集体，这是韩国人很突出的集体意识观。

强烈的“우리”意识促使韩国“大家庭制度”的形成。在韩国人的传统观念里，只有一家人生活在一起，才是真正意义上的家庭。在韩国现代家庭中，儿子结婚以后选择和父母同住的情况较多。平日里，晚辈起床后、睡觉前都要向长辈问候、请安。每逢节假日，出嫁的女儿都会和丈夫一起回家看望父母。因此，韩国人的家庭聚会，少则十几人，多则四五十人。传统韩屋的房门大部分都是很轻便的推拉门，方便出入，即使人在屋内也能听到外面的声音，这正是对韩国人大家庭集体生活面貌的最好诠释。

2. 核家庭

“핵가족（核家庭）”一词来源于日语的“核家族”。核家庭是指由一个大家庭衍生而来的若干小家庭，包括由夫妻和未婚子女构成的小家庭和由几代人共同居住的大家庭分家后变成的小家庭。20 世纪 70 年代，随着韩国经济的高速发展，城市的就业环境、生活环境日渐优化，越来越多的年轻人选择到城市工作、生活，这客观上促使了核家庭文化的形成。如今大家庭集体生活的面貌难得一见，三口之家或四口之家更加普遍。现代韩国社会，大部分子女婚后都会选择和父母分开生活。

3. 长幼有序

儒家学派的代表人物孟子有一句名言“老吾老以及人之老”。它强调的就是“효도(孝道）”。传统孝道文化非常重视“长幼有序，尊卑有别”。每到大年初一早上，韩国人都会举行家庭祭祀活动。祭祀活动结束后，晚辈要向长辈拜年。这种拜年形式并非简单的点头鞠躬，而是真正的磕头行礼。在农村地区，晚辈还要向同村的长辈磕头拜年。

韩国人初次见面，基本上都会询问对方的年龄，以便区分长幼以及前后辈关系，选择是用敬语还是用平语和对方讲话。在韩国的公共场合，遇到年长者时，不论认识或者不认识，晚辈都要点头致意，以示尊敬。和长辈一起用餐时，必须等长辈先动筷子，晚辈才可以动筷。同席饮酒时，晚辈必须侧身才可以饮酒。给长辈敬酒时，晚辈要右手握着酒瓶，左手托住右手肘。当长辈给自己倒酒时，晚辈必须起身，双手端起酒杯，以示敬意。

韩国的“长幼有序”还体现在称呼语上。在韩国，称呼年长者时，不可直呼其名，需要加上一定的称谓，如“미숙 언니（美淑姐）”“민철 오빠（民哲哥）”。在韩国人看来，整个社会是一个大家庭，成员的关系紧密有序。

（三）学校文化

在学校里，韩国人非常重视前后辈关系的维护。这种前后辈关系形成的基础是年级。如 2015 年入学的学生就是 2016 年入学学生的“前辈”。一旦确定了“前后辈关系”，后辈遇到前辈时，必须行礼打招呼、使用敬语。前后辈的这种关系已经成为韩国社会根深蒂固的观念。不仅学生之间、老师之间，公司职员、活动社团、各种协会之间都要论资排辈。

（四）职场文化

1. 公务员——“神的职场”

在韩国，公务员考试是没有年龄和学历限制的，考生只要通过了一年一次的公务员考试就能被录用。在韩国，公务员是人人羡慕的“金饭碗”。只要考上了公务员，不但有稳定的收入，还有良好的福利与退休保障。所以公务员在韩国被称为“신의 직장（神的职场）”。在中国，公务员分为国家公务员和地方公务员。韩国公务员则分为两类：政务级公务员和一般公务员，前者为次长（副部长）以上的高级官员，又分为“대통령（总统）”“국무총리（国务总理）”“부총리（副总理）”“부장（部长）”和“차장（次长）”五个等级；后者分为“실장（室长）”“국장（局长）”以及局长以下中低级官员，共分九级。随着韩国就业形势的日渐严峻，参加公务员考试的人数也逐年增加。

2. 职场法则

在韩国，无论企业大小，都非常讲究“공동체의식（团队意识）”。在很多韩国职场人心中，公司利益为先，个人利益其次。很多人努力工作，把公司视为自己的家，甚至在公司解决一日三餐。很多员工都会加班到很晚。因此，“야근（加班）”就成了韩国职场人的口头禅。在韩国人看来，“一下班就走人，尤其是旁边的同事都没走的时候就独自离开的话，就意味着工作不努力，缺乏企业归属感和团队意识。”

在公司，后辈遇到前辈时，一定要主动问候。尤其是新进职员，遇到上司或老员工时，态度须毕恭毕敬。在很多外国人看来，韩企的职场管理就像部队一样，要求下属绝对服从命令，显得过于严谨刻板。因此，现在许多韩企也开始尝试改变，重建企业文化，开始尊重员工的自主性。为了充分调动员工的积极性，改善企业内部环境，许多企业开始借鉴欧美开放式的企业文化。

二、教育

自古以来，朝鲜半岛就非常重视教育。从三国时期开始，朝鲜半岛的学校教育就深受中国教育制度的影响[3]。当时，朝鲜半岛的各种教育本质是以中国经史和汉文解读为主的书面语言教育，这一时期韩国向中国派遣了大量的留学生，旨在学习汉语。唐朝还专门设立了新罗馆，用于接待朝鲜半岛的留学生。19 世纪 80 年代，韩国打开了对外开放的大门，许多西方传教士踏上韩国的国土，韩国的第一批现代学校建立的帷幕由此拉开，标志着韩国近代教育的开始。现在，韩国高等教育的普及率较高，韩国现任总统文在寅也表示，韩国是全球文盲率最低的国家。

（一）教育基本概况

1948 年 8 月 15 日，大韩民国成立。为了改变现有的教育制度、更好地培养人才，1951 年 3 月 20 日，大韩民国政府对现行教育法进行了修改，正式实行“6+3+3+4”的学制，即小学 6 年、初中 3 年、高中 3 年、大学 4 年。

日本殖民统治时期，小学统称“국민학교（国民学校）”。光复后，韩国小学改称“초등학교（初等学校）”，学制六年。韩国的小学和初中教育均为义务教育，为了培养学生今后的职业技能，从小学四年级开始增设“실업과（实业科）”。韩国的初中叫作“중등학교（中等学校）”，学制三年。韩国的高中叫作“고등학교（高等学校）”，分为普通高中和实业高中，学制均为三年。韩国的大学分为国立、公立及私立三种体制。其中，国立大学与公立大学并称为国公立大学。和中国不同的是，韩国的私立大学在教学质量、教学环境等方面往往要比公立大学更为优质。韩国最有名的“SKY”[4]三所大学中，高丽大学和延世大学都是私立大学。

3　朝鲜半岛在历史上先后经历了古朝鲜、三国、后三国、高丽王朝、朝鲜王朝、大韩帝国、南北分裂几个时期。这里所说的三国是指公元前 57 年到公元 668 年间，在朝鲜半岛形成的三国鼎立的时期。

4　“SKY”是韩国著名的三所高校的首字母缩写，分别代表首尔大学（Seoul National University）、高丽大学（Korea University）和延世大学（Yonsei University）。“SKY”在韩国学生的心目中声望很高，是莘莘学子梦寐以求的高校。

1. 义务教育

现在，韩国的小学和初中普遍实行义务教育。但是，所谓的义务教育主要在国立、公立学校实行；私立学校经常以赞助费等各种杂费的名义收取学费。1954 年，韩国小学的义务教育开始正式实行。初中的义务教育则相对较晚，1985 年从偏远地区开始，逐步扩展到乡镇、城市。直到 2004 年，韩国才开始在全国范围内普及九年制义务教育。此外，韩国还颁布了与学生营养餐相关的法律和条例，对接受义务教育的学生进行补助。《中小学教育法》和《学校配餐法》都对学生的营养餐做了相关规定。

初中食堂
중학교 식당

小学午餐
초등학교 점심

2. 入学制度

韩国的入学制度与中国大致相同，小学毕业后升入初中，初中毕业后升入高中，高中毕业后升入大学。韩国的小学一般采取居住地就近入学原则，根据学生的居住地就近安排入学；初中和高中一般采取面试入学制度。

韩国大学的入学制度有两种：高考（정시）和自主招生（수시）。高考是韩国高中生升入大学最普遍的方式，自主招生考试则相当于中国高校的保送考试。根据各所高校的相关要求，考生可以参加笔试和面试。成绩合格者，即可获得高校的入学通知书。

（二）教育制度

1. 学前教育

学前教育，即通常所说的幼儿教育。在韩国承担学前教育的机构有幼儿园、托儿所和儿童之家。其中，幼儿园区别于后两者，受教育部的指导监管。托儿所和儿童之家受保健福祉部保育政策局的指导监管。幼儿园一般分为私立幼儿园和学校附属幼儿园。学校附属幼儿园可以帮助孩子在进入小学前提前了解该校的老师、环境，以便入园后能更好地适应幼儿园的生活。此外，由于英语教育在韩国非常风靡，近几年来韩国出现了许多双语幼儿园。双语幼儿园不仅收费较高，入园竞争也非常激烈。

儿童之家
어린이집

幼儿园
유치원

2. 小学教育

在韩国，小学教育属于义务教育的范围，学生可以免费接受教育。韩国的小学一般分为三类：由国家出资建立的国立小学、由地方政府建立运营的公立小学和个人或社团法人出资建立的私立小学。国立小学是国立大学的附属小学，由韩国教育科学技术部直接运营管理，师资条件、教学设施较好，一般不收取费用，因此深受广大家长的青睐。公立小学虽然也不收取费用，但师资条件、教学环境不如国立小学。而私立小学一般由个人、企业或宗教团体出资运营，虽收费昂贵，但由于私立小学的教学环境、条件设施较为优越，许多家长仍选择送孩子就读私立小学。因此，在韩国，私立小学的入学竞争非常激烈。韩国将小学教材的选择权下放到城市，韩国各城市可以根据自身需求，自主选择使用小学教材。韩国小学教材的内容生动活泼、简单明了，能达到寓教于乐的目的。小学的基本课程有语文、道德、社会、数学、科学、体育、音乐、美术、外语（英语）等。

小学
초등학교

小学教材
초등학교 국어교재

3. 中学教育

中学教育分为初中教育和高中教育，学制都是三年。公立初中和私立初中在师资、教学环境等方面的差别并不大。初中课程由四部分构成：基本课程、实践课程、兴趣课程和特别活动课程。其中，基本课程与小学基本相同；实践课程包括技术、家政；兴趣课程主要有汉字、生活外语（德语、法语、西班牙语、汉语、日语、俄语、阿拉伯语）；特别活动课程有适应活动、开发活动、社会活动等。

蚕室初中
잠실중학교

初中英语教材
중학교 영어교재

韩国的高中大体分为两大类：普通高中和实业高中。大多数学生倾向于选择普通高中，目的就是升入大学。普通高中一年级开展的课程是国民共同基本课程，即所有高中生在读高一时学习的内容是相同的。从高二开始，学生可以根据自己的兴趣爱好和未来发展规划选择喜欢和需要的课程。实业高中主要针对高中毕业就选择就业的学生开设，一般包括农业高中、工业高中、商业高中、海洋高中等。相对来说，实业高中对学生的学习成绩要求较低，因此入学门槛也更低。近年来，又出现了一批特殊目的高中。特殊目的高中是以培养特殊领域的专业人才为目的的高中，比如外国语高中、科学高中、艺术高中、体育高中等，特殊目的高中对学生的学习成绩和专业素质要求较高。

首尔科学高中
서울과학고등학교

校服
교복

4. 高等教育

高等教育由两部分组成，一是本科教育，二是研究生教育。韩国的大学基本上分为两类：两年制大学和四年制大学。两年制大学相当于专科大学，这类大学以专业课程为主，缩减了公共课程，学生只要完成专业课程，就可以获得专科文凭；四年制大学是最普遍的本科教育模式，学生在大一、大二时主修公共课程和一般课程，从大三、大四开始，专业课程比重增加。学生修完四年的全部课程，通过相应的考试，即可获得学士学位。一些特殊的专业如医学、建筑类专业的学制则相对较长，约为五年或者六年。研究生课程分为硕士课程和博士课程。硕士课程一般为两年，博士课程没有年限限制，修完所有课程，通过答辩提交论文后方可获得硕士学位或博士学位。

庆熙大学
경희대학교

毕业花束
졸업 다발

首尔大学毕业典礼
서울대학교 졸업식

（三）高等院校

在韩国，高校可以分为国立大学和私立大学两种。两种类型的大学齐头并进，共同为韩国教育质量发展注入力量。韩国的私立大学在韩国国内的排名和全球排名中都位居前列。这主要是由于韩国的私立大学多数由大企业或财团资助，学校的硬件设施、师资储备、软件资源等方面都非常优越。在韩国，教育资源主要集中在首尔。韩国排名前十位的私立大学全部位于首尔，依次是：高丽大学、延世大学、汉阳大学、庆熙大学、成均馆大学、西江大学、中央大学、梨花女子大学、弘益大学和东国大学。

1. 国立大学

（1）首尔大学

首尔大学（서울대학교），全称首尔国立大学，简称首尔大，是韩国公认的最高学府。只要查阅韩国各类相关排行榜，首尔大学均稳居第一。首尔大学在韩国人心目中的地位相当于清华、北大在中国人心中的地位。不少韩国总统毕业于首尔大学。前联合国秘书长潘基文毕业于首尔大学外交学系。1942 年日本在韩国创办的京城帝国大学便是首尔大学的前身，1946 年韩国政府正式将其更名为首尔大学，它是韩国国内最早成立的一所国立综合性大学。首尔大学有冠岳、莲建两个校区，其中冠岳校区为主校区。首尔大学是韩国国内为数不多的国立大学，因此受到了政府的特别重视和资助。相对于私立学校来说，首尔大学的学费和住宿费都较为便宜。并且，由于受到政府的特别资助，首尔大学的硬件设施、软件资源优厚，师资力量雄厚。自建校以来，首尔大学在人才培养、科学研究方面一直发挥着主导作用，为韩国培养出了一大批社会风云人物和政坛政要，被公认为“韩国的最高学府”。首尔大学与高丽大学、延世大学并称韩国的三所超一流大学，是韩国人心目中的一片“天”（SKY）。

首尔大学正门
서울대학교 정문

首尔大学图书馆
서울대학교 도서관

（2）庆北大学

庆北大学（경북대학교）是庆北国立大学的简称，地处韩国大邱广域市。该校于1946年成立，由大邱师大、大邱医大、大邱农大三所大学合并而成。在韩国的地方大学中，庆北大学享有“汉江以南最高综合学府”的美誉，培养出了许多优秀人才。韩国前总统朴正熙就是从庆北大学师范学院里走出的学子。庆北大学拥有三个校区——大邱校区、大邱中区校区和尚州校区，有120余种专业，大多数专业都具有极高的知名度，理工科和商科在全国都颇具盛名。韩国的大企业三星、LG、现代等都喜欢录用庆北大学毕业生。作为韩国国立高校中的名校，庆北大学更是获得韩国政府财政支援，是为数不多拥有交响乐团及橄榄球队的韩国大学。

庆北大学正门
경북대학교 정문

教育大学院
교육대학원

2. 私立大学

（1）高丽大学

高丽大学（고려대학교），是韩国最大的私立综合大学，在韩国大学中排名第二，位居私立大学首位。高丽大学的历史可以追溯到1905年，其由朝鲜王朝大臣李容翊创办，前身是普成专门学校。高丽大学现有两个校区——安岩校区和世宗校区。安岩校区地处首尔市安岩洞，世宗校区位于世宗特别自治市。高丽大学的人文学科和理工学科的实力都非常雄厚。其中，高丽大学的亚洲问题研究所和病毒疾病研究所是得到国际公认的研究机构。建校至今的一百多年的时光里，高丽大学为韩国培养出了许多杰出人才，他们现在活跃于韩国政治、经济、文化等各个领域。如韩国前总统李明博就毕业于高丽大学商学部，后来进入现代集团工作，最后成为韩国第17届总统。韩国知名演员金秀美、李凡秀、李尚禹、柳真、金亚中等都毕业于高丽大学。

本馆
본관

仁村纪念馆
인촌기념관

（2）延世大学

延世大学(연세대학교)历史悠久，1885 年建校，前身是延禧大学和世弗兰斯医科大学[5]。延世大学是一所以基督教精神建立的私立综合大学，在韩国大学排名第三。延世大学现有三个校区——首尔校区、松岛校区和原州校区。

延世大学校园
연세대학교 캠퍼스

安德伍德馆
UIC

首尔校区位于“新村(신촌)”[6]，周围有梨花女子大学和西江大学；松岛校区位于仁川市；原州校区坐落在江原道原州市。作为一所综合性大学，延世大学许多学科的教学、科研实力都非常雄厚。延世大学医学院在韩国排名一直靠前；世弗兰斯医院[7]是延世大学的附属医院，位于延世大学旁边。2005 年 3 月成立的安德伍德国际学院（UIC）是

5　1957 年，两校正式合并为今天的延世大学，“延世”就是两校名称各取首字母而得。
6　新村在韩国非常有名，这里的商业街非常繁华，是韩国大学生和年轻人聚会、逛街的地方。
7　世弗兰斯医院不仅是延世大学的附属医院，也是韩国非常有名的大型综合医院。

韩国第一所独立自由的全英文授课本科人文学院。UIC 成立的初衷就是为了将学生培养成适应全球化发展的国际型人才。因此，该学院面向全世界招收优秀的高中生，大学一年级所有的学生都要学习世界文学、世界历史、写作等基本素养课程，二年级开始学生可以自主选择专业。UIC 的专业覆盖经济学、国际学、政治外交学、生命工学等 16 个领域。

（3）成均馆大学

成均馆大学（성균관대학교），位于韩国大学路[8]附近，是韩国一流的大学。在 2020-2021QS 世界大学排名中，成均馆大学排名第 88。此外，成均馆大学是韩国历史最悠久的大学，已有 600 余年的历史。

成均馆大学始建于 1398 年，最初为"成均馆(성균관)"[9]，其办学目的是培养国家所需的人才，实施的是传统的儒学教育。自成均馆建立以来，为国家培养了许多杰出的人物，如著名思想家李滉、李珥，爱国英雄金九先生等。在成均馆大学校园内，还保留着几座朝鲜王朝时期的建筑。作为文物，这些建筑已经被保护起来，只有重大活动时才会对外开放。曾经风靡中国的韩剧《成均馆绯闻》就是在成均馆大学拍摄的。

成均馆大学正门
성균관대학교 정문

校园
캠퍼스

作为一所私立大学，成均馆大学背后有韩国第一大财团——三星集团的扶持和帮助，因此财政充裕，师资、科研等方面的实力非常雄厚。为了使成均馆大学早日成为世界名校，三星集团积极地进行教育投资，特别是对成均馆大学理工学院的手机设计专业和半导体专业等三星电子核心技术领域的学科进行重点投资，这两个学科的毕业生在入职三星集团时也会享有许多优先权。成均馆大学十分重视与国外大学、学者的

8 大学路（대학로），位于成均馆大学附近，是韩国大学生和年轻情侣周末约会的胜地。这里有各国特色餐馆、电影院、商场和许多小型剧场，基本囊括了你可以想到的所有娱乐项目。沿着大学路一直向上走，就可以到达韩国另外一个知名景点，也是韩剧中经常出现的拍摄地——梨花壁画村（이화동 벽화마을）。

9 成均馆是朝鲜王朝时期最高国立教育机关。

合作交流，成均馆中国研究所与复旦大学朝鲜韩国研究中心、山东大学（威海）中韩关系研究中心等中国研究机构都建立了合作关系。

自 2007 年起，成均馆大学每年 6 月份在北京举办“成均韩国语写作大赛（성균 한글백일장）”，每年都吸引来自全国各地的朝鲜语专业学生参加该比赛，该比赛已经成为中国国内最大的韩国语写作比赛。成均馆大学会为获得前三名的学生提供在成均馆大学研究生院免费就读的机会，获奖学生还拥有自主选择专业的权利。

丕阐堂
비천당

丕阐堂周围
비천당 주위

（4）梨花女子大学

梨花女子大学（이화여자대학교），韩国人习惯上简称“梨大（이대）”。梨大创建于 1886 年，原名梨花学堂。

梨大从建校之初，就致力于培养有志向、有抱负的女性。因此，该校开发的“世界女性领导人培养项目”深受国内外学生的欢迎。梨大针对发展中国家的女学生专门设立了 EGPP(Ewha Global Partnership Program)[10] 奖学金制度，旨在选拔有发展潜力的女性，培养 21 世纪全球女性领导者。截至目前，梨大已为阿富汗、土耳其、尼泊尔、老挝等 40 多个国家的学生提供了免费就读梨大的机会。梨大在韩国国内只招收女性，招收的外国留学生也以女性为主，但可招收少数外国男性留学生。由于梨大在韩国代表着女性的最高学府，从该校毕业的女性大多都能成为职场的精英和佼佼者，因此梨大是韩国许多女高中生梦寐以求的学校。据统计，韩国历史上有 6 位总统夫人和许多大企业的会长夫人都毕业于梨大。梨大学子拥有追求公平、公正的精神。

10　Ewha Global Partnership Program 奖学金包括入学金、全额学费、宿舍费、生活补贴和每年的往返机票费等。

校园复合园区
ECC

校内大礼堂
Welch-Ryang Auditorium

（5）东国大学

东国大学（동국대학교），是创建于 1906 年的一所著名的研究型私立综合大学。东国大学现有四个校区——首尔校区、庆州校区、高阳校区和美国洛杉矶校区。其中，首尔校区位于首尔市中心南山公园[11]附近；庆州校区位于千年古都——庆州市；高阳校区位于京畿道高阳市山东区；美国洛杉矶分校又名美国东国医科大学。作为在韩国排名第十的私立综合大学，东国大学的特色学科很多，如佛教学、影视学和医学。

东国大学储藏有约 10 万本佛教学书籍，居亚洲第一。因此，东国大学也被称为韩国佛教学的“总本山”。东国大学的戏剧表演和影视艺术研究专业也在韩国名列前茅，培养出了大批优秀的演艺界、文化界人士。比如韩国当红影星全智贤、赵寅成、韩彩英、金素妍等都毕业于东国大学戏剧表演系。

东国大学校园
동국대학교 캠퍼스

11　南山公园（남산공원），位于首尔市中心，山顶耸立着高 236 米的首尔塔（서울타워）。这里既是首尔市民晚上散步的胜地，也是首尔市区著名的旅游景点之一。

（四）高考制度和教育热

1. 高考制度

韩国高考，又称“修学能力考试（수학 능력 시험）”，在每年的 11 月中旬举行。韩国高考分文理科，再具体分为必考科目、选考科目和任选科目，一共五科：语文、数学、英语、社会研究 / 科学 / 职业教育、第二外语。考生要在一天内考完这五门科目。从 2002 年开始，韩国对高考制度进行了改革，不再采纳单纯计算总成绩的方式，而是对各科目的成绩分别进行打分，然后根据分数段确定各科目的等级以及综合等级。考试成绩一共划分为 9 个级别，各等级的比例按照考生比例确定。自从实行考试成绩等级制后，高考成绩不再是决定学生能否升入大学的唯一标准，各高校会综合考虑学生的考试等级、高中手册、大学面试成绩，并根据学生的特长等因素，综合择优录取。韩国目前的高考升学率已经超过 80%，但若想进入名校，竞争依旧十分激烈，尤其是韩国著名的“SKY 大学”，每年只有 2% 的学生能够考上。

韩国高考考场外

한국 수능 시험장 앞

许多韩国人坚信高考能够决定一个人的命运，不仅能够决定他的职业，还能决定他以后的结婚对象和社会地位。因此，韩国的家长和考生都对高考抱有很大的期望。以前，考生家长在高考那天，会在考场的大门前沾麦芽糖以期许孩子能够金榜题名。由于许多韩国人信基督教或佛教，因此高考当天可以看到许多家长和考生在考场前双手合十，祈祷能够考上心仪的大学。许多考生的亲友团也会在考场外拉横幅为考生呐喊助威。

2. 补习班热

由于韩国的高考竞争压力大、淘汰率高，所以许多学生家长从小学开始，甚至幼儿时期就给孩子报各种各样的补习班。据统计，在韩国的家庭总支出中，补习相关支出已经占到 12% 左右。在韩国街头，到处都是各种各样的补习班，尤其以英语补习班最多。因为英语不仅是韩国高考的必考科目之一，而且大多数韩国人坚信英语是通往上流社会的敲门砖。因此，英语私教在韩国非常盛行。根据韩国经济观察网 2014 年的统计显示，韩国人每年在英语私教上的花费是六兆五千亿韩元，位居世界之首。以韩国华尔街英语培训机构（该机构是韩国唯一一家以实用型英语培训为主的机构，其他韩国国内的英语培训机构主要以应试英语培训为主）为例，2004 年，华尔街英语在首尔开设第一家教学中心，当年只有 804 名学生。截至 2015 年，华尔街英语在韩国已开设八家教学中心，其中首尔六家，釜山和大邱各一家，学员达到 16 000 人，外教 190 人，韩国教师 75 人。韩国国内其他大大小小的英语培训机构更是数不胜数。

韩国的初高中生在学校上完一天的课程后，一般都会先去补习班补习功课，补习班的课程结束后再回家吃饭、休息。每到周末，补习班更是挤满了备考的考生。可以说，韩国的“补习班热”比中国更甚。

英语补习班

영어 학원

3. 早期留学

除了报名参加英语补习班外，一些经济稍微宽裕的家庭会通过送子女出国留学来提高孩子的英语水平。根据美国移民及海关执法局 2020 年的统计数据显示，亚洲是美国留学生市场最大的生源地，前三大生源地国家分别是中国、印度和韩国，2019 年韩国在美留学生人数为 8.5 万人。许多学生及学生家长认为，仅仅依靠公立学校英语教育，无法满足学生升学、留学的需要。因此，许多家长送孩子到补习班补习英语，他们投入大量的精力和财力在私立英语教育上。一些富裕的家庭，甚至不惜重金，在孩子初中甚至小学时就送孩子出国学习英语。这种情况下，一般孩子母亲也一同前往国外陪读，孩子父亲则留在韩国国内赚钱供孩子出国读书。但是，早期留学不仅给学生父母带来巨大的经济压力，也给韩国社会带来诸多不良影响：一、由于大量学生出国留学，造成韩国外汇流失严重；二、中学就被父母送出国门独自读书的孩子，由于年龄较小，突然进入一个陌生的社会文化环境，容易出现心理不适，甚至自杀等诸多情况；三、夫妻一方陪子女出国读书，造成夫妻分居两地，这一时期韩国国内出现了许多“大雁爸爸”[12]。

早期留学
조기유학

4. 名校情结

大多数韩国人都有严重的名校情结。许多韩国家长认为名校才是最好的选择，千方百计让孩子读名校。根据韩国统计厅 2021 年最新发布的统计数据，截至 2021 年 3 月，韩国的总人口为 5 200 万人，有大约一半的人居住在首都圈地区。首尔是韩国的首都，是韩国政治、经济、文化、教育中心。许多韩国大学生在毕业后为了寻找更好的就业机会都会选择留在首尔工作。面对就业压力，为了日后的发展，许多学生都把名校作为首选目标，而用人单位也更认可名校毕业的学生。在韩剧中，经常可以看到同一个面试现场，毕业于韩国名校的学生对其他非名校出身的学生的歧视。就业压力、社会歧视等情况使得名校情结在韩国人的观念中更加根深蒂固。对于一些经济条件较好的韩国中产家庭来说，本国的名校已经不能满足他们的要求，哈佛、耶鲁等常春藤名校成为他们新的追求目标。可以说，名校情结是导致韩国社会出现“补习班热”“早期留学”的主要原因之一。

12　“大雁爸爸”是 90 年代以后韩国社会出现的新词，2002 年被收录到韩国国立国语院《2002 年新词报告书》中。进入 90 年代后，由于对韩国学校教育的不满，许多家长在孩子很小的时候就将孩子送到国外读书，母亲也一同前往陪读，父亲则独自留在国内努力赚钱供孩子读书。但是，由于夫妻、父子长期分居两地，造成许多夫妻离异，进入西方文化圈的孩子与长期在国内的父亲的价值观产生重大差异，父子互相不理解等情况时有发生。由于巨大的经济压力和精神压力，一些父亲甚至选择自杀，这成为当时韩国重要的社会问题。

第 3 章　衣食住行及休闲文化

一、饮食文化

朝鲜民族在漫长的历史长河中形成了具有自身民族特色的饮食文化。随着韩剧《大长今》的热播，韩国传统料理风靡亚洲，连同大众娱乐文化一起，在亚洲刮起一股强劲的“韩流”。饮食是韩国人日常生活中非常重要的组成部分。韩国语中有很多与饮食相关的俗语，比如“금강산도 식후경 .（就连金刚山也得吃饱了才好看）”。

在韩国的农副产品市场、超市、饭店，甚至韩式铁板锅上，经常看到“身土不二（신토불이）”这四个汉字。“身土不二”出自佛学中的《大乘经》（寂照不二，身土不二，性修不二，真应不二）。韩国现代社会中的“身土不二”主要指“生我养我的土地上生产的农作物才最适合我的体质”，即我们常说的一句俗语“一方水土养一方人。”“身土不二”的观念时刻提醒着韩国国民要食用韩国本国生产的农产品。本土生产的东西在韩国人的眼中象征着高品质和高质量，因此价格也是最高的。

（一）韩国饮食的种类

1. 泡菜

提起韩国，许多外国人的第一反应都是泡菜，泡菜是韩国最具代表性的传统发酵

食品。在韩国语里，有这样一句俗语："김치가 없으면 밥 못 먹어요.（没有泡菜，就吃不下饭）"。韩国人的一日三餐都离不开泡菜，甚至他们出门旅行都要用保鲜盒装点泡菜带着。

泡菜是韩国的国民料理，因此韩国政府非常重视对泡菜的宣传。1986年，首尔江南区建立了"泡菜博物馆"，专门向国民展示韩国泡菜的历史、种类、腌制方法和保存方法等。博物馆设有品尝区，供各国游客品尝不同风味的泡菜。每年10月，韩国会举行"光州泡菜节"，时间长达一个月。韩国泡菜经过韩国政府多年不懈的宣传，如今已经走出国门，走向世界。2013年第八届联合国非物质文化遗产委员会会议上，韩国"越冬泡菜"腌制技术被正式列入"非物质文化遗产"名录。

2. 汤和炖菜

汤是韩国料理中不可缺少的副食。韩国的汤类大致可以分为"국（清汤）""찌개（炖菜）""탕（汤）"三种。

（1）"미역국（海带汤）"

韩国人视海带汤为滋补佳品，韩国孕产妇一直有喝海带汤调理身体的传统。韩国人在生日当天的早上一定要喝海带汤，用来提醒自己不要忘却母亲的辛苦。关于海带还有一些有趣的民间习俗。韩国人的观念里，考试或面试当天千万不能喝海带汤。因为海带的表面光滑，容易让人联想到"떨어지다（滑落、落榜）"，如果喝了海带汤，则意味着会从考试榜单或面试榜单上滑落下来，非常不吉利。

（2）"된장찌개（大酱汤）"

大酱汤是具有代表性的韩国特色传统饮食。韩国有悠久的"酱"文化，酱是韩国料理调味的精华，大酱和辣椒酱是韩国料理中必不可少的调味品。自古以来，韩国人就特别重视酱的制作，对酱的制作要求非常严苛。一般每年都会选择10月里的良辰吉日，反复清洁酱缸、祭礼酱缸台。很多韩剧中也经常可以看到腌制、品尝大酱的情景。

大酱汤
된장찌개

（3）“삼계탕（参鸡汤）”

参鸡汤是一年四季皆可食用的滋补佳品。韩国人最喜欢在盛夏（特别是三伏天）吃参鸡汤以补充夏季身体流失的元气。韩国人认同“以热制热（이열치열）”的说法，认为越是炎热的季节，出汗越多就越虚弱，因此更要多补气血，参鸡汤也被称为韩国解暑第一汤。另外，参鸡汤中含有多种药材，符合韩国人认同的“药食同源”的思想。在韩国景福宫附近，有一家非常著名的参鸡汤店——土俗村（토속촌），每年七八月份，来这里就餐的客人都要排队一两个小时。而韩国人宴请重要外宾时，也经常会带外宾来到土俗村品尝韩国特色传统料理——参鸡汤。

参鸡汤

삼계탕

3. 肉类

韩国人非常喜欢烤肉，大街小巷随处可见的“고기집（烤肉店）”足以证明这一点。除了烤肉，韩国还有其他很多种类的肉类料理和海鲜料理，同样深受欢迎。

（1）“불고기（烤肉）”

烤肉是韩国最具代表性的料理之一，其中最受欢迎的是烤五花肉，五花肉和烧酒在韩国是公认的最佳搭配。牛肉也是韩国烤肉中比较常见的肉类，一般以牛排、牛里脊、牛舌为主，食用时搭配生菜、苏子叶、泡菜、辣椒圈、蒜片、包饭酱等。韩国人吃烤肉非常讲究气氛，人越多气氛越热闹。但最近随着个人主义的盛行，独自吃烤肉的人越来越多，韩国也出现了一些“一人烤肉专门店”。这里的餐桌布局和网吧类似，每张桌子都是隔断的，并且配有便携式煤气灶和液晶显示屏。食客可以一边烤肉一边观看喜欢的电视节目，不会因为一个人就餐而觉得尴尬。

烤牛肉
불고기

五花肉
삼겹살

吃烤肉时赠送的小菜
반찬

烤肉用的炭火
숯불

（2）"닭고기（鸡肉）"

鸡肉也是韩国人钟爱的肉类之一。韩国有很多以鸡肉为主食材的美食，比如滋补佳品"삼계탕（参鸡汤）"、地方特色料理"춘천닭갈비（春川辣炒鸡排）""안동찜닭（安东炖鸡）"、越吃越上瘾的"닭발（鸡爪）"等。其中，人气最高的要属国民美食——"치킨（炸鸡）"了。

2013 年最火韩剧《별에서 온 그대（来自星星的你）》着实让啤酒炸鸡火了一把，剧中女主人公每次心情不好的时候都要吃炸鸡、喝啤酒。"치킨（炸鸡）"和"맥주（啤酒）"的组合简称"치맥"。韩国炸鸡种类很多，有"후라이드 치킨（原味炸鸡）""양념 치킨（调味炸鸡）""파닭（葱丝炸鸡）"和"허니오리지날 치킨（蜂蜜炸鸡）"等，

其中最受欢迎的还属“原味炸鸡”和“调味炸鸡”。有选择性障碍的食客，可以选择两种口味拼成一份，即“반반치킨（半半炸鸡）”。

“안동찜닭(安东炖鸡)”是来自韩国著名古城安东市的传统料理。它以鸡肉、土豆和粉条为主菜，有点类似中国的新疆大盘鸡，但是味道偏甜。

“춘천닭갈비(春川辣炒鸡排)”是韩国江原道春川市的乡土美食，将提前腌制入味的鸡排、圆白菜、年糕、土豆、豆芽等，加入秘制辣椒酱炒熟即成。吃到后面还可以将没吃完的鸡肉和菜利用起来，直接在铁板上做炒饭。服务员会在炒饭里加入海苔、芝士和芝麻等，味道鲜美且不浪费食材。由于春川辣炒鸡排价格相对便宜且分量很足，因此深受年轻人，尤其是大学生的欢迎。

半半炸鸡
반반치킨

春川辣炒鸡排
춘천닭갈비

（3）“해산물（海鲜）”

韩国三面环海，渔业资源丰富，海鲜是韩国人餐桌上必不可少的美食。韩国人喜欢生吃海鲜，因为这样可以品尝到海鲜原汁原味的鲜美。韩国人特别喜欢吃“生鱼片（회）”。生鱼片很适合搭配烧酒一起吃，是上好的下酒菜。吃完生鱼片，还可以加入鱼骨、鱼片、蘑菇和一些蔬菜，做成辣鱼汤。

“낙지(章鱼)”，即“八爪鱼”，也是韩国人钟爱的一种海鲜。在韩国，最常见的吃法就是做成“낙지회(生章鱼)”，把一只活章鱼切成均匀的小段，摆放到盘子里，用筷子夹起一段，蘸点香油盐调料，一口吃下去。

“게장(酱螃蟹)”也是韩国人非常喜爱的海鲜类小菜。酱螃蟹一般分为两种：用酱油腌制的“간장게장（酱油蟹）”和用特制辣椒酱腌制的“양념게장（调味蟹）”。由于加入了生姜和大蒜调味，所以无论哪一种，都完全没有海鲜的腥味。吃完蟹肉，可以在蟹壳里用酱汁拌饭吃，这种吃法非常下饭，不知不觉就会吃完一碗米饭，因此，酱螃蟹还有“밥도둑(偷饭贼)”的别称。

活章鱼火锅
산낙지 전골

鹭梁津水产市场
노량진 수산 시장

4. 主食

朝鲜民族自古以来就是以种植水稻为主的农耕民族，因此他们非常喜欢吃米饭。紫菜包饭也是以米饭为主，起源于朝鲜王朝时期，是最具代表性的韩国料理之一。由于紫菜包饭携带方便，且食用时间和地点不受限制，因此很多韩国人郊游时经常携带紫菜包饭。常见的紫菜包饭有牛肉紫菜包饭、金枪鱼紫菜包饭、沙拉紫菜包饭、泡菜紫菜包饭等。

石锅拌饭也是以米饭为主的韩国料理。其中，全州拌饭在韩国排名 No.1，全州市每年都会举办“全州拌饭节”。相比石锅拌饭,韩国人更喜欢在家里制作简易版的拌饭，即不用石锅，直接将米饭、泡菜和辣椒酱搅拌而成。

紫菜包饭
김밥

全州拌饭
전주비빔밥

5. 面食

（1）“냉면（冷面）”

说到面食，不得不提冷面。冷面最早起源于朝鲜王朝时期，一般分为“물냉면（汤冷面）”和“비빔냉면（拌冷面）”两种。无论选择哪种冷面，服务员都会端上来一把剪刀，用来剪面条，非常具有韩国特色。

韩国最近非常流行“불고기냉면（烤肉冷面）”。随着饮食生活越来越丰富，韩国人觉得只吃冷面有些单调，因此一些商家便开发出了烤肉冷面这样的菜品。这样的组合既有新意，又给食客增加了饱腹感和多元化的口感。

烤肉冷面
불고기 냉면

拌冷面
비빔냉면

（2）“만두（饺子）”

韩国语中的“만두（馒头）”就是“饺子”的意思，却和中国饺子有许多不同。其中，最大的差别就是饺子的形状，韩国的饺子大部分都是圆形的，像一个元宝。另外，韩国饺子馅儿的种类相对单一，最常见的就是泡菜饺子和猪肉饺子。“만두국（饺子汤）”是韩国人很喜欢的一道家常料理，饺子汤里面可以加入年糕片、紫菜、芝麻、葱、香油等，以提升口感，制作也非常简便。

饺子汤
만두국

（3）“전(煎饼)”

韩剧中经常会出现这样的画面，一个下雨天，女主人公一边望着窗外的雨，一边说：“好想吃煎饼，喝米酒啊！”对于韩国人来说，煎饼就是雨天美食的代名词。据说古时候下雨天不方便出门，母亲一般会利用家里现有的食材和面粉，做成煎饼给孩子吃。因此，雨天吃煎饼便逐渐成了一种传统。此外，煎饼是古时候祭祀时不可缺少的供品，也是重要节日里必做的一道料理。根据所放材料的不同，煎饼分为很多种类，常见的有“김치전（泡菜饼）”“해물파전（海鲜葱饼）”“부추전（韭菜饼）”“빈대떡（绿豆饼）”。

海鲜葱饼
해물파전

6. 宫廷料理和韩定食

（1）“신선로（神仙炉）”

神仙炉是最具有代表性的韩国宫廷料理，它是将多种山珍海味整齐地摆放于一个金色的铜涮锅里。神仙炉因其独特的炊具、高级丰富的食材、烦琐的工序，从古至今一直都属于高级料理。现代韩国的一般餐馆是吃不到神仙炉的，只有去高级的韩国传统餐厅才有机会品尝到。

（2）“구절판(九折板)”

九折板是韩国的高级传统饮食，早在两百多年前就作为韩国高级宴会的前菜，只有在宫廷宴会或是重要的节日庆典上才能品尝到。“传统九折板”因把九种食材装入有九个格子的容器而得名。在中间的格子里放入用小麦做成的韩式薄饼皮，薄饼周围放入八种最能代表当地特色的食材。因食材种类丰富，营养搭配合理，九折板一直深受欢迎。

（3）“한정식(韩定食)”

韩定食是由朝鲜王朝时期的宫廷御膳演变而来的。“定食”是“套餐”的意思，韩定食就是把各类菜肴组合到一起的韩国料理套餐。韩定食选材讲究，注重摆盘，菜品要精心地摆放在容器中。每个菜式，基本上都包含了红、黄、绿、白、黑五种颜色，不仅符合大众的审美，还遵循了营养健康的“五色定律”，体现了和谐思想。韩国首尔仁寺洞有许多正宗的韩定食餐厅，慕名前去品尝的食客非常多。韩定食餐厅环境优雅古朴，并且陈列着韩式传统家具和字画。有些韩定食餐厅还有传统艺术表演，让食客品尝传统料理的同时，仿佛置身于朝鲜时代。

韩定食
한정식

韩定食餐具
한정식 식기

7. 时令糕点

在韩国，“떡(年糕或糯米糕)”是历史悠久的传统食品。“떡”的主要原料是糯米或粳米。根据所添加的食材，韩国的糕点共有三四百种之多。各式各样的糕点在传统节日和特殊日子里发挥着不可替代的作用，如春节、中秋节、端午节等传统佳节，周岁宴、婚礼、花甲宴以及祭祀等特殊日子，人们都会制作并食用特定的糕点，以祈求平安。

(1) 春节——“떡국(年糕汤)”

农历新年的早上，韩国人一定要喝上一碗年糕汤。因为在韩国有“떡국을 먹어야 한 살 더 먹는다.(吃了年糕汤,才会长一岁)”的说法,所以以前的年糕汤也被叫作“添岁饼”。

(2) 中秋节——“송편(松饼)”

每到中秋节,韩国人一定要吃“松饼”,又名“松叶饼”。为了防止糕饼粘在蒸屉上,古人蒸制“松饼”时,会在糕饼上面铺一层松针。蒸好的松饼便会散发出淡淡的松针香气,“松饼”也因此得名。

在韩国，有一句关于松饼的俗语，“송편 예쁘게 빚으면 예쁜 딸 낳는다.(如果松饼做得好看,就会生出漂亮的女儿。)”由此也可以看出韩国人对制作松饼的重视程度。

（3）祭祀、乔迁、开业——“팥시루떡（豆沙糯米糕）”

相传豆沙的红色有“避厄驱邪”的说法，因此古时候韩国人在祭祀、盖房动土或搬迁时都会准备豆沙糯米糕，以祈祷可以消灾免难、顺顺利利。现代韩国社会也继承了这种风俗。在韩剧中经常可以看到新店开张当天，店主亲自把豆沙糯米糕送给附近商户的场景。

首尔钟路区有一家“떡 박물관（年糕博物馆）”，博物馆里展示的丰富的图片和模型可以让普通大众对韩国年糕的发展历史、制作方法、制作工具、种类等有更深入的了解。博物馆里还还原了韩国人周岁宴、婚礼、花甲宴等仪式的现场，惟妙惟肖，让参观者置身其中，更好地感受传统文化。此外，游客还可以在博物馆里亲自体验制作年糕的过程，享受制作乐趣的同时，了解韩国的传统文化。

8. 韩食新风尚

（1）“포장마차（布帐马车）”里的美食

韩剧中，经常可以看到男女主人公在布帐马车里吃东西的场景。布帐马车属于街头小吃，价格亲民，非常受学生和年轻人的欢迎。很多上班族在加班结束回家的路上，会到布帐马车里来一顿夜宵，再喝一瓶烧酒。布帐马车里主要有炒年糕、米肠、鱼饼和辣鸡爪等。但是现在由于市政管理严格，街头的布帐马车已非常少见，但是一些传统市场里还是可以见到布帐马车的身影。

辣鸡爪

매운 닭발

（2）“라면（拉面）”

韩国的“라면（拉面）”就是指方便面。韩国是著名的“方便面消费大国”，据韩

联社报道，2019 年世界各国人均方便面消费量为 13.6 包，韩国人以人均 74.6 包位居世界第一。韩国方便面的品牌和种类非常丰富，可选的口味多，韩国人在不知道吃什么的时候很容易想到方便面。

在韩国，人气较高的方便面有国民方便面“신라면（辛拉面）”、方便面界的元祖“삼양라면（三养拉面）”、注重汤味的怀旧方便面“안성탕면（安城汤面）”、具有创新精神的“짜파게티（炸酱意面）”、酸甜爽口的“팔도비빔면（八道拌面）”，还有以辣味闻名、最近在中国也引发了试吃风潮的“불닭볶음면（爆辣火鸡面）”等，种类繁多。

辛拉面
신라면

爆辣火鸡面
불닭볶음면

（3）“중화요리（中华料理）”

在韩国，经常可以看到“中华料理”的牌匾。“中华料理”其实就是来自中国的饮食。但很多中国人尝过韩国的“中华料理”之后，会发现它和中国菜还是有很大区别。韩国的“中华料理”在原有的基础上经过了多次改良，逐渐发展成为适合韩国人口味的“韩式中国菜”。最大众化的“中华料理”当属炸酱面和糖醋肉。

“짜장면（炸酱面）”是韩国最具代表性的中华料理，韩国人对炸酱面的喜爱程度不亚于韩国料理，而且炸酱面是外卖配送率最高的菜品。《엽기적인 그녀（我的野蛮女友）》《환상의 커플（幻想情侣）》《커피프린스 1 호점（咖啡王子一号店）》等多部韩国电影和电视剧中，都出现过男女主人公狼吞虎咽地吃炸酱面的场景。

“탕수육（糖醋肉）”有点类似于中国东北的锅包肉，也是韩国人喜欢点的外卖之一。送外卖时，商家通常会把炸肉条和糖醋汁单独盛到容器里，并用保鲜膜封好，吃的时候客人再自己淋上汁，这样既可以避免炸肉条失去酥脆的口感，又可以照顾到喜欢边吃边蘸汁的客人。

（4）“피자（比萨）”

比萨本是发源于欧美的快餐食品，但在韩国非常受欢迎，从韩国街头大大小小的

比萨店就可以看出。在韩国，除了一些欧美品牌的比萨店外，像“Mr. Pizza”等众多韩国本土比萨品牌也非常具有竞争力。这些本土品牌开发了很多适合韩国人口味的比萨，比如“단호박치즈피자（南瓜芝士比萨）”“고구마피자（红薯比萨）”“불고기피자（烤肉比萨）”，还有“김치피자（泡菜比萨）”等。

二、韩国饮食的特点

（一）健康为本

韩国人喜欢清淡、自然形态的饮食，很多食物能生吃就生吃，比如生菜、黄瓜、洋葱、大蒜、辣椒等。还有一些海鲜，比如生鱼片、活章鱼也是不经任何烹制，尽可能原汁原味享用。韩国饮食用语中自古以来就有“药食同源”的说法，即药物和食物在本质上是一致的。在这种观念的影响下，韩国人将药材与食物料理做结合，比如参鸡汤、艾糕、凉拌沙参、凉拌桔梗等。在韩国语中，有很多与“药”相关的饮食用语，如“약밥（药饭）”“약과（药果）”“약수（药水）”等，足以看出“药食同源”这一思想的根深蒂固。总之，韩国饮食是合理搭配荤素比例、注重养生保健的健康饮食。

（二）视觉与味觉的结合

韩国料理深受中国阴阳五行和谐说的影响，在味道和颜色搭配方面讲究“五色五味”。“五色”指红、绿、黄、白、黑；“五味”指酸、甜、苦、辣、咸。韩国料理非常注重颜色搭配，无论是“돌솥비빔밥（石锅拌饭）”“한정식（韩定食）”，还是“구절판（九折板）”等宫廷料理，都给人以配色鲜艳、赏心悦目的感觉。现代韩国料理也非常注重摆盘效果，比如“보쌈（菜包肉）”，五花肉会整整齐齐地摆放到盘子里，配上绿色的蔬菜、红色的泡菜、若干精致的酱料小碟，使食客在享用料理的过程中享受美。

（三）社交功能强

在现代韩国社会，吃饭有时并不是简单为了充饥，而是被赋予了更多其他的含义。韩国人在举行婚礼、周岁宴、花甲宴、葬礼时，都会宴请来宾吃饭喝酒以示感谢。

在韩国工作生活，经常会有“회식（聚餐）”，同学、同事、同乡、有共同爱好的人经常会聚在一起吃饭。韩国人喜欢通过饭局联络感情，从而形成了韩国特有的“聚餐文化”。吃一顿饭或喝一顿酒可以立刻拉近人与人之间的距离。

现代韩国人最常用的寒暄用语也与吃饭有关，比如“언제 식사나 같이 합시다.（有空一起吃饭吧）”或者“언제 제가 식사 대접할게요.（哪天我请您吃饭吧）”等。

（四）外卖服务发达

在韩国，很多饮食店都提供外卖配送的服务。一般来说，比萨、炸酱面、炸鸡等都是外卖点单率较高的餐饮类型。在韩国，外卖几乎可以送到规定范围内的任何具体位置，比如学校校园的草地上、汉江公园某处的长椅等。无论何时何地，只要想点外卖，拨一通电话即可。韩国的外卖以“速度快、服务好”著称，一般打完电话十几分钟后就会送餐上门。大部分料理会被装到一次性餐盒中，比如比萨、炸鸡等。但有些料理，如炸酱面、汤类等则是用普通碗盘来装的，吃完后客人只要把盘子等餐具放到门口或指定位置，外卖员随后会上门来收取。

三、韩国的饮食礼仪

（一）餐具

韩国料理的餐具是勺和筷子，简称“수저”，是“숟가락（勺）”和“젓가락（筷子）”的缩写。韩国人习惯用筷子夹菜，用勺子吃饭、喝汤。韩国的勺和筷子一般都是用不锈钢、铜等金属制成，即使饭店里的餐具也不例外。金属餐具不容易藏污纳垢，避免滋生细菌，卫生又健康。另外，韩国人习惯把未使用的勺和筷子整齐地平放到专用筷子盒里，再放到餐桌边上。

（二）就餐礼仪

韩国自古以来深受中国儒家传统思想的影响，其中，就餐礼仪是韩国传统礼仪当中非常重要的一项。吃韩国料理时，需要讲究的就餐礼仪比较多，特别是与长辈一起用餐时，方方面面都需要注意。就餐前要洗净双手、整理好衣服、保持正确的坐姿；如果是着传统韩服并席地用餐，男性须盘腿而坐，女性则要支起右腿而坐，其他坐姿都是不符合礼仪的；同席有长辈的情况，要等长辈落座后，晚辈方可入座；长辈动筷前，晚辈绝对不可以先动筷子；要用勺子吃饭、喝汤，用筷子夹菜。韩国人就餐时，非常讲究用餐的速度，不能太快或太慢。晚辈要等长辈结束用餐离开座位后，方可起身离开。接受别人的宴请时，客人在饭前要说：“잘 먹겠습니다.（我会好好吃的）”，吃完饭后离席前则要说：“잘 먹었습니다.（我吃好了）”，以示对饭菜准备者的感谢。

（三）酒、茶与咖啡

1. 酒文化

朝鲜民族是一个喜爱喝酒的民族，这从街上大大小小的酒吧、饭店冷藏柜里花花绿绿的酒瓶，以及韩剧中经常出现的喝酒场面就可以看出。

（1）酒的种类

在韩国，常喝的酒的种类大致可以分为“소주（烧酒）”“맥주（啤酒）”“전통주（传统酒）”和“양주（洋酒）”等。

“소주（烧酒）”属于清酒，经过蒸馏加工而成，度数比较低，一般只有18°~20°。韩国烧酒市场竞争激烈，为了抓住市场主导权，各品牌商家会不断推出新品。前几年，为了迎合年轻人的口味，很多品牌开发了水果系列的烧酒，比如西柚味、石榴味、蓝莓味等，这些“另类”的烧酒一经上市就火爆起来，很受年轻男女的喜爱。烧酒品牌商家还会请韩国当红人气女艺人代言，或者在影视剧中植入广告，以推广品牌。

菠萝味烧酒
파인애플 맛 소주

各种品牌的烧酒
각종 브랜드의 소주

“맥주（啤酒）”是韩国人均消费量最大的酒类。韩国啤酒以麦芽和啤酒花为原料，口感先苦后甜。无论春夏秋冬，只要喝上一口清爽的啤酒，顿时沁人心脾。由于酿造啤酒的原材料价格比较贵，所以啤酒的价格比烧酒贵一些，韩国啤酒的酒精含量在 4.5% 左右，度数比较低，适合畅饮。

在韩国，人们喜欢在棒球场看棒球比赛时，点一份“啤酒 + 炸鸡”的外卖组合；看足球比赛直播时，喜欢一边喝啤酒一边吃鱿鱼干、肉脯等下酒菜，为自己喜欢的球队加油。

除了去一般的餐饮店喝啤酒之外，韩国人还喜欢去“호프집（啤酒屋）”喝生啤。生啤一般按照容量出售，有 500cc、1000cc、2000cc 等。啤酒屋通常还准备了丰盛的下酒菜，食客可以和朋友一边聊天一边喝啤酒、吃小吃。在韩国，许多便利店门口设有露天桌椅，以方便客人在这里喝酒。近年来，随着啤酒市场的竞争加剧，为了吸引

更多消费群体，很多品牌商家开发了一些特殊系列的啤酒。如减少了 33% 卡路里的 "light" 系列更受女性青睐，酒精浓度高达 6.9% 的 "red" 系列适合酒量高的群体。

"전통주（传统酒）" 又叫 "民俗酒"，是运用民间传统工艺酿造的酒，比如庆尚道的 "안동소주（安东烧酒）"、全罗南道的 "홍주（红酒）"，平安道的 "문배주（文杯酒）"，庆州的 "교동법주（校洞法酒）" 等。韩国传统酒中有一种浊酒，是将大米或者小麦蒸干后加曲子发酵而成，叫作 "막걸리（马格利酒）"，也叫 "米酒"。马格利酒是韩国传统酒中历史最悠久的，也是在现代韩国社会中最有人气的传统酒。

目前韩国在售的马格利酒品牌繁多，比较有代表性的有 "서울장수 막걸리（首尔长寿马格利酒）" 和 "국순당 막걸리（曲醇堂马格利酒）" 等。韩国很多餐饮店都会卖马格利酒，在便利店、大型超市也能买到各式各样塑料瓶装或罐装的马格利酒。需要注意的是，马格利酒的保存时间非常短，仅为 10 ～ 30 天，因此买完之后要尽快喝掉。

（2）饮酒礼仪

韩国的饮酒文化有其独特的礼仪，尤其是和长辈一起喝酒时，须格外注意。在韩国喝酒时，不能正面对着别人，要轻轻转过身，把头扭向一边；与人同饮时，不能给自己倒酒，要互相斟酒。另外，斟酒时要把杯子里的酒喝完，不能往有酒的杯子里添酒；给长辈倒酒时，要用右手拿酒瓶，左手扶住右手手腕，以示对长辈的尊重。酒桌上，第一杯酒一般由长辈给晚辈倒。长辈给自己倒酒时，要双手拿酒杯以示尊重，接过酒后要马上喝掉，不能放一边。在酒桌上，晚辈要尽量安静地倾听长辈说话，即使饮酒过量也要尽量避免出现过激行为。

大家一起喝酒时，一般会共同举杯，齐声大喊："위하여！（干杯）"，或者强调一饮而尽，说："원샷！（one shot）"。

聚餐文化
회식 문화

炸弹酒
폭탄주

（3）独特的酒文化

在韩国，喝酒是不需要特定理由和场合的，心情好时要喝上一杯庆祝，心情不好时也要喝上一杯解忧。尤其是现代社会的上班族，工作压力大，经常会以聚会喝酒的方式排解压力。“언제 같이 술 한잔 합시다.(哪天一起喝一杯吧)”甚至变成了一句寒暄语，经常挂在韩国人嘴边。韩国人喝酒时一般不会“浅尝辄止”，而是一定要喝出醉意，即“不喝则已，喝则必醉”。即使酒量不行，也会尽最大的努力。他们认为只有这样才能真正消除陌生感、拉近关系，从而便于抒发各种情感，达到释放压力的目的。

韩国人聚餐时，一般不会只玩一处就结束，而是会转战多个场所。第一轮叫作“일차”，通常是一边吃晚饭一边喝点烧酒预热。第二轮叫作“이차”，通常到酒馆喝啤酒或“炸弹酒”，还会点一些下酒菜。第三轮叫作“삼차”，通常会去 KTV，边唱歌边喝酒。如果还不尽兴，甚至有第四轮，直至喝到天亮。

2. 茶文化

三国时期，茶叶和茶文化从中国传入朝鲜半岛。经过近两千年的发展，朝鲜半岛形成了朝鲜民族特有的茶文化。现在韩国流行喝“전통차(传统茶)”。韩国的“传统茶”种类繁多，除了绿茶、红茶之外，几乎到了无物不能入茶的程度，比如五谷类的有大麦茶、玄米茶、荞麦茶、玉米茶等，药草类的有五味子茶、红参茶、葛根茶、桂皮茶等，水果坚果类的有石榴茶、柚子茶、木瓜茶、核桃茶等，甚至还有辣椒制成的辣椒茶。在韩国人的思想中，茶是对人体有益的健康饮品，可以提神、养生、美容、减肥。韩国商家还推出了各种各样的茶包，有的还添加了糖或蜂蜜，味道好且包装精致，随喝随泡，深受养生人士的欢迎。

茶包
티백

传统茶馆
전통찻집

在韩国的咖啡厅和酒吧也可以喝到传统茶，甚至街上的自动饮品贩卖机也有传统茶出售。不过，要想品尝地道的韩国传统茶，最好还是去茶馆。首尔仁寺洞有很多传统茶馆，装修风格各有特色、安静古朴。并且，每家茶馆都有各自的主打明星茶。闲暇时，韩国人会选择和三五好友在充满传统气息的茶馆里品茶聊天，别有一番情趣。

3. 咖啡文化

（1）年轻狂热的“咖啡大国”

从气候和地理条件来看，韩国是不适宜种植咖啡的，但这并不妨碍韩国成为世界上最热衷咖啡的国家之一。走在韩国的街道上，经常会看到人们手里拿着一杯咖啡，或步履匆匆，或悠闲踱步。在韩国的商场、学校、公司、车站等公共场所，也经常能够闻到浓浓的咖啡香。

韩国是热爱咖啡的国度。咖啡就像泡菜一样，已成为韩国人日常生活中不可缺少的一部分。喝咖啡代表了一种休闲状态，即使在高度紧张的学习工作中，韩国人也在寻找这种状态，因此，咖啡文化成了韩国文化中独特的休闲文化。

（2）韩国人钟爱的速溶咖啡

韩国不产咖啡豆，用于做咖啡的咖啡豆全部依赖进口。韩国每年进口8万吨咖啡豆，其中，咖啡豆进口量最多的国家为美国，比重占40.7%，其次依次为意大利（15.5%）、巴西（10.4%）和瑞士（9.8%）。这些咖啡豆除了一小部分用来做现磨咖啡之外，大部分都是用来做速溶咖啡的。韩国的地铁、医院、学校、路边等到处都能看见“커피자판기（自动咖啡贩卖机）”，顾客只需花上500韩元（约合人民币三块钱），就能喝到一小杯热乎乎的速溶咖啡。另外，韩国人的办公室、研讨室以及家里，也都可以看见速溶咖啡的身影。

香啡缤咖啡馆
The Coffee Bean

外带
테이크아웃

麦馨速溶咖啡
맥심

超市里也随时可以买到各种品牌、独立包装的速溶咖啡，价格非常便宜，比如韩国销量最好的“맥심커피（麦馨咖啡）”就经常搞促销活动，一包速溶咖啡合人民币才5毛钱左右。韩国人喜欢喝速溶咖啡的原因除了价格便宜之外，和他们越来越快的生活节奏也是分不开的。

四、住宅文化

（一）传统韩屋

朝鲜半岛地处欧亚大陆东北部，国土的70%是山地和丘陵，属于典型的温带海洋季风气候区。另外，受到儒家思想的影响，韩国人形成了“尊重自然，顺从自然”的理念。这一理念在建筑领域表现为“尊重自然、与自然相和谐”的建筑理念。这种独特的自然环境和建筑理念形成了韩国的传统住宅“한옥（韩屋）”。韩屋的材料大部分是直接取材于自然，如木材、石材、瓦博、泥土及石灰，窗户或门上贴的是用木材做的韩纸，透露出“原生态美”。

传统的韩屋分为瓦顶韩屋和茅草顶韩屋。瓦顶的韩屋，围墙一般很矮，多由泥巴垒砌而成，最后在泥巴上面铺上圆弧形的瓦片；茅草顶的韩屋则直接用树枝或者荆条做成篱笆，充当墙的“角色”。基本上，每间韩屋的前面都会有一个院子。每户韩屋的后面，都有一处采光和通风都比较好的地方，专门用来放置酱缸台。家庭主妇们把大酱、酱油、辣椒酱等做好了之后，就装进酱缸里贮存。

在传统的韩屋中，房间和檐廊是主要的生活空间。每家每户地板下都装了“温突（온돌）”，温突的工作原理是在灶孔点燃柴火，以便产生的热气传到房间地面的石头。据史料记载，上古时代普遍使用“L”字形的温突，来实现室内地面的部分取暖。到了高

丽时代，逐步发展成室内地面整体取暖系统。高丽末期，温突已经遍及整个朝鲜半岛。冬天，韩国人在灶膛里燃起火，整个屋子都会变得很暖和。檐廊的南侧和北侧都设有窗户或门。夏天的时候，如果把门窗打开，一股股凉风就会扑面而来。这样的房屋设置，不仅祛除了湿气，还赶走了暑热。屋内外的门都是双层门，因此即便是冬天，也能使屋里保持一定的温度。

韩屋的墙体多用泥巴制成，这种泥巴墙，在天气寒冷的时候能够使屋里变得暖和；在天气炎热的时候，又可以让屋里变得很凉爽，可以称得上是韩国的“天然空调”。韩屋的门上贴的是涂了桐油的韩纸，这样不仅容易换气，还能使适量的阳光进入到室内。

由于韩国各个地方的气候不同，韩屋的构造也有所不同。朝鲜半岛北部因为气候比较寒冷，为了不让冷风进入屋内，房子都建得比较密集，呈现“田”字形的结构。朝鲜半岛南部温度比较高，所以房子大多数呈现“一”字形结构。朝鲜半岛中部的韩屋大部分呈现“ㄱ”或“ㄷ”字形的结构。

在韩国，最具代表性的韩屋当属坐落于南山北侧山脚下的南山公园的韩屋村，此地因是青鹤安居的仙乡，也被称作“青鹤洞(청학동)”。南山韩屋村共有五幢传统韩屋，游客可在这五幢传统韩屋中参加众多体验活动，如叠韩纸、写韩文、试穿韩服、品传统茶、学习韩国礼仪等。韩屋村周末还会举行传统婚礼体验活动，喜欢民俗游戏的还可以与韩国人一起踢毽子、投骰子、打石碑等。此外，南山韩屋村还提供专门的讲解员，向游客介绍韩国的传统文化遗产。

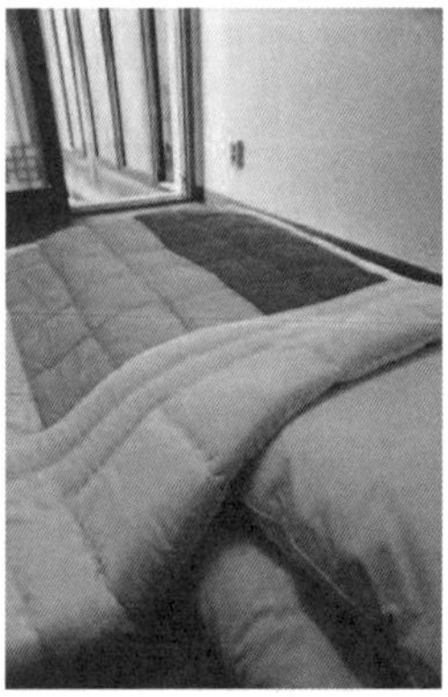

韩屋内部

한옥 내부

(二)现代公寓

韩国国土面积约为10万平方千米，人口却有5 000多万，其中仅首尔就1 000多万。再加上仁川和京畿道的1 000万，全国几乎2/5的人口都居住在首都圈。面对人口密集、空间逼仄等严峻问题，自 1960 年起韩国开始兴起公寓式楼房。楼房的空间效率高、生活便利，增加了住房面积，极大改善了城市面貌。现在韩国的住宅中有近 50% 为公寓式建筑。尤其在首尔、釜山两大城市，高层公寓可谓是鳞次栉比。

以韩国常见的四口之家为例，韩国人居住的公寓一般为 24 坪（1 坪≈ 3.303 78 平方米）、32 坪、43 坪。现代公寓以客厅为中心，分为主卧、次卧、厨房、卫生间和阳台等。根据公寓的大小，房间的个数也不同。

韩国现代公寓重视玄关的独立性。玄关处为换鞋的地方，韩国人回到家后，第一件要做的事就是换鞋，所以玄关对韩国人来说很重要。和中国不一样的是，韩国的玄关多为 L 型，即进门后有一段转折空间，这样既保证了住宅内部的私密性，又营造出“对景”的空间效果。韩国人非常喜欢吃炖煮的食物，做饭时油烟的排放量比较少，所以韩国的厨房一般都是开放式的，即厨房和客厅连在一起。每天吃饭的时候，一家人就在客厅的用餐区用餐。

韩国的主卧区一般位于住宅的最里面，自成一体，地位“很高”。以四室户为例，主卧区多由主卧室、衣帽间、主卧卫生间和一个附加空间组成，各房间相互贯通，形成可回旋的空间组合。韩国人对储藏空间也非常重视，住宅内重视收纳，所以储藏空间通常面积较大。除了玄关的收纳柜、主卧区的衣帽柜，韩国人还会在阳台上安装收纳柜、次卧安装吊柜等来扩大收纳空间。总的来说，韩国人重视居住空间（公寓）的舒适性，户型要坐北朝南，采光面积大、通风效果好。玄关、客厅、厨房、卧室等空间要相对独立，保持一定的私密性，同时储藏收纳空间要充足，使室内看起来整洁卫生。

（三）租房

韩国有一套完善的租房保障措施。租房有两种方式：典租房（전세）和月租房（월세）。租赁典租房的租客一次性支付房子市价的 80%~90% 的押金（보증금）给房东，至少要签两年的合同。这种情况下，租户不用交月租，两年到期后可以续租，等到搬走那天房东就会把之前交的押金全数退还。但典租房的租客要承担全部水电费。房东赚取的是合同存续期间押金的利息，这种方式对租客很划算，但前提是租客必须有足够的钱作为押金。

月租房就是支付房子市价 10%~15% 左右的押金，然后每月付给房东一定数目的金额，并签订至少一年的合同。和典租房一样，一年到期后，租户可以续租，也可以搬走，搬走的当天房东会退还押金。与典租房不同的是，月租房需要每月支付房东月租。如果是一时拿不出很多钱，月租也是一种很不错的选择。月租房可以一个人租一间房或者几个人合租一套房。这也是月租房的优点，即租客可以选择和朋友一起合租，这样既有自己独立的房间，又可减轻经济压力。

韩国的租房手续较复杂，但相对安全。典租或月租合同可以由当事双方协商签署，签约时需要确认登记簿等，或者通过房地产中介签约，这样更省心，但需要缴纳 5%~10% 左右的手续费。

1. 一居室（원룸）

如果租客既想拥有独立的空间，又希望家电齐全，一居室就是最好的选择。房东会提供一居室基本的家具，水电费需要租客自理。一居室也是目前韩国比较受欢迎的一种租房方式。在首尔，一居室的月租大概 60 万韩元（约合人民币 3 500 元）。

单间
원룸

2. 寄宿房（하숙집）

"寄宿房"又叫"下宿房（하숙집）"，即寄居在韩国人家里。寄宿房是韩国家庭出租的空房间，一般是一栋房子，分为多个房间，由主人统一管理，房东提供早餐和晚餐。这种房子的地理位置很好，大部分都在地铁站附近，由于经常和房东接触，所以住在韩国寄宿家庭可以快速提高韩语口语水平。有的寄宿房会住好几个国家的留学生，对于想体验不同文化的人来说，寄宿家庭是一个很好的选择。但缺点就是租客要和房东及其他房客共同使用房屋设施。寄宿房多集中在学校附近，比如首尔学校密集的大学路附近就有很多寄宿房，月租大概在 20 万 ~ 50 万韩元不等。寄宿房的优点是不需要交押金，但因为是和韩国人一起生活，所以一定要入乡随俗，遵守韩国人的家规。

3. 考试院（고시원）

考试院（고시원），顾名思义就是和考试相关的地方。"考试院"一词诞生于 20 世纪 70 年代，它最早是人们为了准备考试而刻苦攻读、独自起居生活的住宿场所。由于价格便宜，不需要像典租房、月租房一样缴纳大笔押金，因此考试院越来越受低收入人群的青睐。考试院的房间非常小，一般只有 4~6 平方米，伸开双臂几乎就能碰触到左右两面的墙壁。屋里设有一张很小的单人床和一张供学习的书桌，柜子都是壁柜。有些考试院没有窗户，晾晒衣服都需要另找空间。卫生间、洗澡间、厨房、洗衣机、冰箱等设施都是公用的。考试院因为面积上的局限性，隔音一般较差，所以初来乍到可能会感到很不习惯。大多数考试院提供免费的米饭和泡菜，对于初入职场、工资较低的年

考试院
고시원

轻人来说无疑是件好事。

4. 学生宿舍（기숙사）

韩国大学校内宿舍很少，只有极少数的学生能申请到学校的宿舍。并且，韩国大学每个学期开学前，学生还要重新申请宿舍，能申请到宿舍的基本上都是学习成绩名列前茅的学生。和中国不同，韩国的宿舍里住的基本上都是不同专业或不同年级的人。因此很少会出现学生互相串门、聊天的情况，大多数学生都是独自在自己的“空间”学习生活。放假期间，许多韩国大学的宿舍是不开放的，或者只开放一段时间，学生需要另外缴纳住宿费。所以寒暑假不回国的留学生需要重新寻找住宿的地方。

和中国大学不一样，韩国大学里没有辅导员，每个院系会安排一位专门的助教（조교）。但即便有助教，宿舍管理和学院还是分开的。所以一旦学生出现问题，宿舍管理员不会找学院，而是直接找学生本人。韩国的宿舍基本上 24 小时不断电，所以学生几点钟睡觉完全由自己决定。韩国大学生普遍都喜欢熬夜，凌晨两三点洗漱很常见。

五、服饰文化

（一）传统韩服

历史上，韩国传统服饰受中国影响很深，尤其是新罗王朝的服饰几乎和唐朝的服饰无异。进入朝鲜王朝时期，韩国服饰的个性化、民族化特色开始凸显，韩服，尤其是女士韩服，逐渐有别于中国的服饰，向高腰、襦裙发展。但官服、朝服等重要礼服，仍延续着较多中国元素。

韩服是从古代演变到现代的一种朝鲜民族的传统服装，它不仅是韩国的传统服装，也是韩国优秀的传统文化之一。韩服主要分为女士韩服和男士韩服。

女士韩服主要由“저고리（短上衣）”“치마（裙子）”“속치마（衬裙）”组成。上衣的袖子短而宽，方便胳膊活动。

男士韩服主要包括“저고리（短上衣）”“바지（裤子）”“도포（道袍）”“학창의（鹤氅衣）”“심의（深衣）”“마고자（马褂）”以及“직령포（直领袍）”。通常是“短上衣＋裤子”打底，外面再穿其他外套。裤子的裤腿宽大，男士短上衣比女士的更长。春秋两季的韩服一般选用丝绸、绢丝材质，夏季则多选用染成清凉色系的苎麻材质，冬季为了防寒保暖则选用丝绸（厚布料）等厚实布料。

韩服的魅力在于可以掩饰体形上的缺点，让娇小的人看上去更修长，让瘦小的人看上去更丰满，增添女性的柔美。因为韩服较为宽松，即便体型较胖的人也非常适合。

韩服的线条不仅具有曲线美，还具有直线美。每当节日来临，韩国人就会穿上精心准备的韩服参加各种庆典或祭祀活动。

（二）校服

因为受西方文化的影响较深，韩国校服在款式上较为西化，绝大多数都是制服款式（유니폼）。在韩国，校服已经成为成衣的一个分类积极参与市场竞争，并逐步形成特有品牌。其中比较有名的品牌有 SMART、SKOOLOOKS、IVYCLUB 和 ELITE。在韩剧中，可以直观地领略到韩国的校服文化。如《学校 2015》《继承者们》《花样男子》等青春校园剧中设计漂亮、充满活力的韩国校服，给广大观众留下了深刻的印象。

（三）职场服饰

韩国人在职场中格外注重衣着打扮。韩国男士喜欢穿西服。职场里大约 90% 的男士都会穿西服。甚至日常生活中，韩国男士也喜欢穿休闲西服。西服已成为职场男性的代表服饰，颜色以黑色、藏蓝色、灰色为主。

职场女性的着装以正装套裙为主，给人典雅干练、端庄大方的感觉。女士的鞋子以黑色皮鞋为主，鞋跟高度适中。韩国女性比较喜欢佩戴饰品，如项链、耳环、戒指等。

六、公共交通

韩国的公共交通体系非常发达和完善。城市内出行方式有地铁、公交车和出租车；城市间出行方式有长途大巴和火车；国外出行方式主要以飞机为主。

（一）地铁

地铁是所有市内交通工具中，最便捷的出行方式。目前，首尔、釜山、大邱、大田、光州市都开通了地铁。其中，首尔地铁最为发达，除了主要线路 1~9 号线外，还开通了盆唐线、仁川线、新盆唐线、京义中央线、京春线、机场线、议政府线、水仁线和爱宝乐园线。首尔地铁线路已经覆盖首尔市区各个角落，极大地方便了首尔市民出行。地铁是首尔市民使用最多的交通工具，每天上下班高峰期，地铁较为拥堵。韩国地铁的起步价为 1 050 韩币（约合人民币 6 元），可以使用交通卡或者使用自动售票机取票，也可以通过人工窗口购票或者兑换硬币。交通卡分为一次性交通卡和 T-Money 卡，后者只需充值便可循环使用。

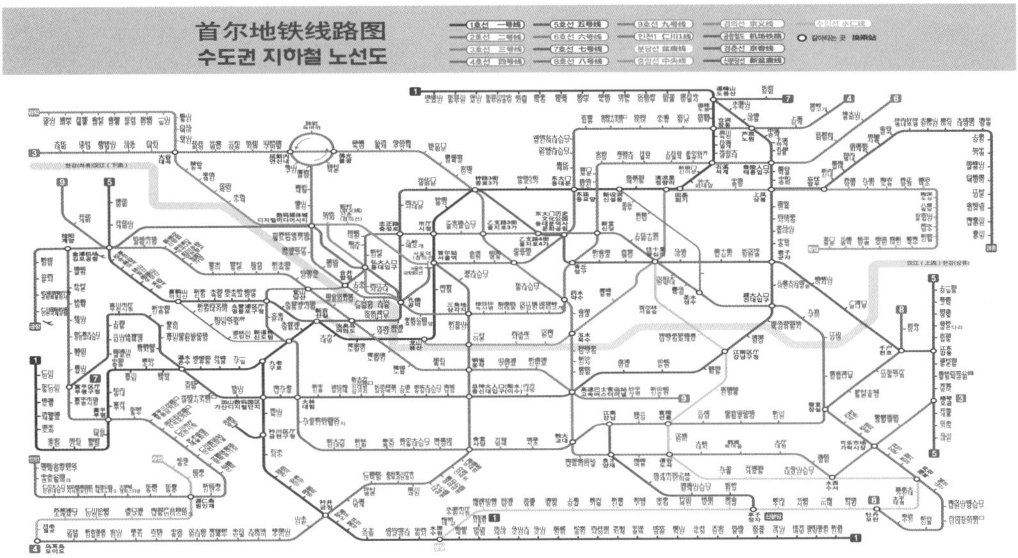

首尔地铁图
서울 지하철

自动售票机
승차권 자동판매기

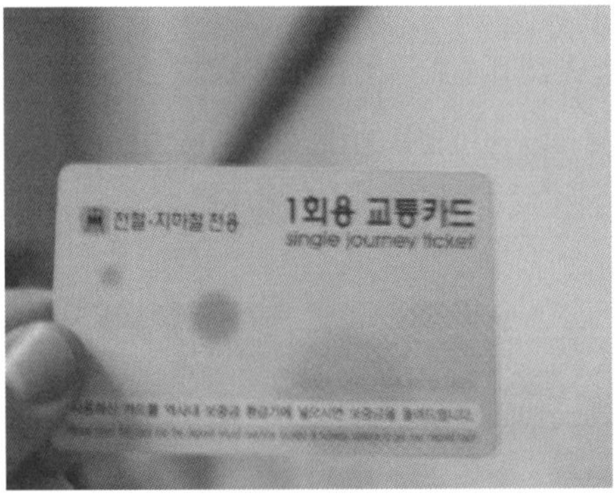

单次交通卡
1 회용 교통카드

指示牌
안내판

（二）公交车

韩国公交车主要分为短途公交车（시내 버스）和长途公交车（시외 버스），不同颜色的公交车所代表的含义不同。

蓝色公交车主要连接首尔郊区与市中心；绿色公交车又称区间巴士（마을버스），主要在市内的某个固定区域内循环；黄色公交车是在首尔市区内循环的公交车，一般在首尔市中心行驶；红色公交车一般为广域公交车，在临近城市之间行驶，途中很少停靠。冬天时，公交车站的座位还会自动加热，非常人性化。韩国公交车上都会设有按铃，乘客要在下一站下车的话，须提前按铃提示司机。

公交车
버스

T-Money 卡
티머니 카드

（三）出租车

在韩国，乘坐出租车是一种非常便捷的出行方式。韩国出租车分为“普通出租车（일반 택시）”和“模范出租车（모범 택시）”。模范出租车更宽敞，收费较贵。普通出租车多为黄色，也有少量银色和白色出租车。普通出租车起步价是 2 500 韩元（约合人民币 15 元），每 144 米或 35 秒增加 100 韩元（约合人民币 0.6 元）。模范出租车多为黑色，起步价是 4 500 韩元（约合人民币 27 元），每 164 米或 39 秒增加 200 韩元（约合人民币 1.2 元）。韩国出租车司机大多会一些简单的英语，可以用英语交流。现在许多出租车上也安装了自动翻译系统。

普通出租车
일반 택시

模范出租车
모범 택시

（四）火车

火车是韩国各城市之间穿行的最便利的交通方式之一。韩国火车大体上可以分为四类：高速列车 KTX（相当于中国的高铁）、ITX- 新村号、无穷花号和高速列车 SRT。车型种类不同，车费也不同。KTX 的费用最高，最高时速可达 305 千米。ITX- 新村号是替换旧的新村号的新型列车，目前运行于京釜线、湖南线、庆全线等主要铁路线。无穷花号从 1977 年行驶至今，它通常会停靠 KTX 或新村号不停靠的车站。SRT 也是高速列车，自水西站出发，共有京釜线和湖南线两条线路。目前，首尔市内有五个主要火车站，分别是首尔站、龙山站、清凉里站、永登浦站和水西站。其中，首尔站是最大的火车站，龙山站是 KTX 的重要交通枢纽，清凉里站主要通往江原道正东津、庆尚北道庆州市等旅游城市，而永登浦站则是新村号和无穷花号主要始发站。

首尔站
서울역

韩国高速列车
KTX

首尔站候车大厅
서울역 대합실

无穷花号
무궁화호

（五）航空

目前，韩国国内大型机场主要有四个：仁川国际机场、金浦机场、金海国际机场和济州国际机场。如今，仁川国际机场取代了金浦机场国际航线枢纽的地位，成为韩国最大的国际机场。它位于首尔市中心以西 50 千米处的航空城市仁川。首尔市区有直接到达仁川机场的地铁——仁川线，乘客也可乘坐出租车或机场大巴抵达机场。金浦机场目前主要承担韩国国内航线飞行任务，但是也有部分开往东京国际机场和上海虹桥国际机场的航班。金海国际机场位于釜山市，作为韩国第二大国际机场，它分为国内航线和国际航线。济州国际机场位于济州岛济州市，也是韩国重要的国际机场，既有国际航线，也有国内航线。现在，从首尔到济州岛，乘坐飞机只需 1 个小时。因此，每到周末或者节假日，许多首尔市民会前往济州岛度假。

仁川机场大厅
인천공항 로비

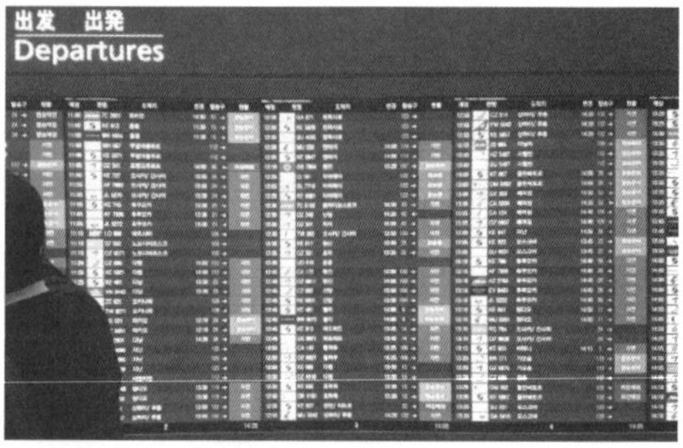

航班时刻表
항공편 운행표

机场免税店
공항 면세점

机场餐厅
공항 식당

七、休闲文化

韩国人非常注重劳逸结合，休闲文化很发达。韩国统计厅和女性家庭部 2020 年发布的《2019 工作・家庭指标》显示，韩国人的年均工作时长为 2 124 小时，在 36 个经合组织成员国中排名第二，年均休假天数为 5.4 天（公休日未包括在休假天数内）。由于职场竞争激烈，韩国人普遍压力较大，周末和节假日，韩国人经常会和家人、朋友一起组织各种休闲活动。在韩国，人气较高的解压休闲活动有汗蒸、喝酒、唱 KTV、旅行和运动。

（一）汗蒸

汗蒸是韩国人最喜欢的解压休闲活动之一。在韩国的大街小巷里，随处可见“찜

질방（汗蒸房）”的招牌。在韩国，不仅老人喜欢汗蒸，年轻人和小孩子也都喜欢汗蒸。汗蒸房大部分都是 24 小时营业，并经常作为住宿设施使用。因此它也成为很多旅客驻足歇脚的地方，经常有人几周、几个月长期留宿在汗蒸房。

韩国汗蒸房的设施非常完善，有澡堂、餐厅、美容院、按摩室、棋牌室和健身房等。汗蒸房里有不同温度的房间。既有 30 度左右的低温房间，也有 50 度左右的中温房间，甚至还有 70 度左右的高温房间。对于外国人来说，一般中温房已经是他们可以承受的最高温度，韩国人普遍喜欢高温房。

汗蒸房大厅
찜질방 로비

黄土房
황토방

汗蒸房提供简餐和饮料，最常见的就是“라면（方便面）”“맥반석 구운 계란（麦饭石烤鸡蛋）”“식혜（米汁）”和“팥빙수（红豆冰）”。蒸完汗蒸，吃完餐食，韩国人喜欢聚集在一起打牌或者聊天。汗蒸房里虽然提供专门睡觉的房间，许多韩国人还是喜欢睡在热闹的大厅里。老年人和带孩子的父母一般不会住大厅。汗蒸房会为每位顾客免费提供一个枕头和一条薄被。

麦饭石烤鸡蛋
맥반석 구운 계란

米汁
식혜

（二）酒吧和 KTV

在结束了一天辛苦的工作和学习后，韩国人经常和朋友相约去酒吧（술집）喝一杯，或者去 KTV（노래방）唱歌。

1. 酒吧

如果在韩企工作，下班后经常会听到同事说这样一句话："퇴근 후에 한잔합시다.（下班后一起去喝一杯吧）"。韩国人普遍喜欢喝酒，特别是在节日、公司聚餐、朋友聚会这样的日子里。因此，在韩国街头，可以看到很多酒吧。在酒吧里，三五好友点上几个小菜、几瓶烧酒，诉说生活和家庭的压力。一些年轻情侣或朋友通常会选择安静的酒吧，这种"静吧"一般会提供红酒、鸡尾酒、果酒等酒类，酒吧里放着舒缓浪漫的音乐，可以给年轻人提供片刻休闲的时光。大学生活泼好动、喜欢热闹，club（夜店）成为大学生释放压力的地方。韩国有两条著名的酒吧街——弘大酒吧街和梨泰院酒吧街。酒吧的收费不高，比较适合大学生群体。

酒吧
술집

夜店
클럽

2. KTV

在韩国的街头，经常可以看到"노래방"的招牌。"노래방"由"노래（歌曲）"和"방（房间）"两个单词合成，韩国人通常翻译为"练歌房"，也就是我们说的 KTV。在韩国，男女老少都是练歌房的常客。韩国人的聚会一般都按照吃饭→喝酒→唱歌→散场的模式进行。无论是学生还是公司职员，在结束了一天辛苦的学习和工作后，经常会约上几个好友或者同事到练歌房欢唱一把，释放压力。

韩国练歌房规模有大有小，大至外观奢华、设备一流，小至地下一层的小隔间。普通练歌房一小时 1~2 万韩元（约合人民币 60~120 元），学校附近的练歌房主要面向学生群体，一般较为便宜，一小时五千韩元（约合人民币 30 元）或者更低。练歌房布置较为温馨、设备齐全，即使再小的练歌房，也都配有手鼓和摇铃。朝鲜民族是一个能歌善舞的民族，所以在练歌房里经常可以看到韩国人载歌载舞。

练歌房
노래방

（三）旅行

韩国人热爱的休闲活动中，旅行排在首位。在四季分明的韩国，旅行活动丰富多彩。春日赏樱，家人和好友三五成群到汉江公园席地而坐，边聊边吃；夏日避暑，父母带孩子度假，感受阳光沙滩；秋日赏枫，五彩登山服装点山川；冬日滑雪，银装素裹，挑战极限。

1. 赏樱

春天是樱花盛开的时节，首尔、釜山、镇海、庆州等地都会举行各种各样的樱花盛典，其中“镇海樱花节”颇负盛名。镇海地区的樱花种植始于1912年日本在当地建设军港时期。每年3月末4月初，成千上万的韩国人会涌向镇海。镇海樱花节不仅吸引了大量韩国国内游客，很多外国游客也专程前往。余佐川作为镇海的赏樱名所，是一条两旁遍植樱花树的小溪。河上建有木质小桥，这座桥被称为“罗曼史桥”。

镇海樱花
진해 벚꽃

每年樱花季，都会有许多年轻情侣漫步于余佐川两岸，传说只要两人牵手走过这条“十里樱花路”，便可以长长久久，携手共度余生，因此这条路也被誉为“결혼길（结婚路）”。这里也是火遍亚洲的韩剧《蓝色生死恋》和《春天华尔兹》的拍摄地。

2. 海边度假

（1）釜山

釜山（부산），全名釜山广域市，位于韩国东南端，是韩国第一大港口和第二大城市。釜山年平均气温 15 度，夏季的气温在 30 度左右。每年的 6 月末到 8 月是梅雨季节，降水较多。釜山有两个非常著名的海水浴场——海云台海水浴场（해운대해수욕장）和广安里海水浴场（광안리해수욕장）。

海云台海水浴场
해운대해수욕장

迎月路
달맞이길

海云台海水浴场的水质清澈干净。厚厚的白沙铺在绵延的海滩上，踩上去松松软软，十分舒适。夜幕降临的时候，海边亮起灯光的建筑物和波光粼粼的海面交映生辉，非常壮观。韩国著名电影《海云台》就是在这里取景拍摄的。在海云台海水浴场通向松亭海水浴场的路口，有一条种满樱树与松树的小路。这条路在釜山非常有名，被称为“달맞이길（迎月路）”。迎月路是沿着海边修建的一条“산책로（散步路）”，一侧是大海、森林，另一侧是充满情调的咖啡店和餐厅。釜山许多当地的情侣都会选择这里作为约会地点，非常浪漫温馨。

位于海云台海水浴场西边的广安里海水浴场，拥有 8 200 平方米的优质海滩。在这里，除了可以享受阳光、沙滩外，还可以做各种水上运动，如滑水、冲浪等。广安里海水浴场的面积虽然没有海云台大，但是由于其位于市区，附近比较繁华。因为这

里的海水特别清澈，大量鱼类聚集于此，因此海边总是坐满了钓鱼的人。钓鱼后可以立刻将鱼做成生鱼片（회），广安里海水浴场附近大约有几十家生鱼片餐厅。广安里海水浴场的外卖业也很发达，在海边打一通电话即可订到比萨、炸鸡、炸酱面等外卖。晚上，可以在海边欣赏夜景，海边建筑物和广安大桥的夜景非常壮观。

广安里海水浴场
광안리해수욕장

广安大桥
광안대교

釜山的海鲜既好吃又便宜。釜山最有名的海鲜市场是扎卡其市场（자갈치시장），物美价廉。游客可以在这里选好海鲜，拿到餐厅加工（只用出加工费即可），便可以品尝海鲜美食。

龙虾
랍스터

活章鱼
산낙지

海鲜锅
해물전골

（2）济州岛

济州岛，位于东海，在全罗南道西南 100 千米处。整座济州岛呈椭圆形，由火山物质构成。数以百计的丘陵、滨海瀑布和熔岩每年吸引着成千上万名游客前往观光旅行。济州岛的年平均气温在 16 度左右，夏季最高气温达 33 度左右，冬季最低气温只有 1 度左右。岛上自然生态环境良好，整座岛上几乎没有工厂。身处济州岛，终年都可以看到蓝天白云。济州岛约有 13 个大大小小的海水浴场，比较出名的有月汀里海水浴场（월정리해수욕장）、挟才海水浴场（협재해수욕장）和咸德海水浴场（함덕해수욕장）。

月汀里海边铺满的细细的白沙，与闪耀翠绿光芒的海水交相辉映，风景十分秀丽。海边聚集了各具特色的咖啡厅，可以选择到这里驻足休息，十分惬意舒适。由于这里的海水较浅，仅约 1.2 米，且坡度较缓，因此十分适合作为家族旅行的目的地，尤其受到有小孩子的家庭的青睐。咸德海水浴场水质干净，水深适中，有全济州岛最美的海滩，是济州岛装备最全的海水浴场。在这里，可以体验游艇观光、海底潜水、跳水、冲浪及皮划艇等水上项目。

月汀里海水浴场
월정리해수욕장

挟才海水浴场
협재해수욕장

牛岛位于济州岛东部，因其形状如卧牛一般，故得名“牛岛”。牛岛的自然环境极为优越，有山峰、草坪、海岸等。多部韩剧、韩国电影都在这里取景拍摄，如《人鱼公主》《夏日香气》《触不到的恋人》等。

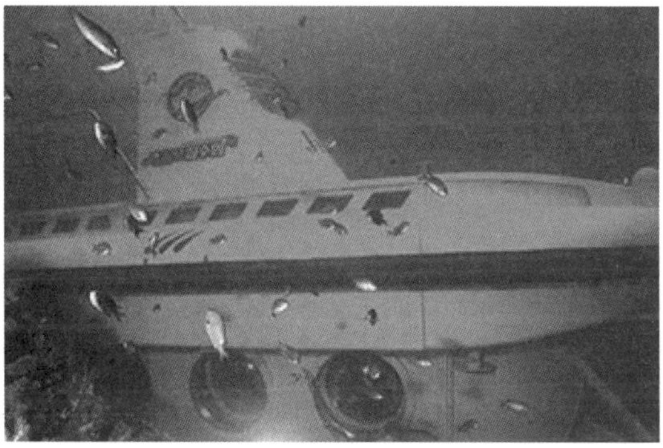

潜水艇
잠수함

牛岛
우도

3. 赏枫

秋季是韩国最美的季节，也是赏枫的最佳时节。韩国秋天一般是 9 月至 11 月，天气凉爽、风和日丽。韩国人爱用“천고마비（天高马肥）”来形容秋天。每年的这个时候，韩国男女老少都会登山赏枫（단풍놀이），全国各地的赏枫景点也会非常拥挤。

雪岳山位于江原道束草，是秋季枫叶出现最早的景点。大约从 9 月底开始，雪岳山的枫叶从山顶开始慢慢变红，直至整座山都被枫叶染成一片通红。韩国人喜欢徒步登山，边赏枫边攀登，行动不便的游客也可乘坐缆车观赏整个雪岳山的秋景和枫叶。

雪岳山
설악산

成均馆大学校园枫叶
성균관 캠퍼스 단풍

4. 滑雪

滑雪作为冬季热门运动，深受韩国年轻人的喜爱。江原道地区冬季降雪量丰富，因此韩国的滑雪场集中在这里。这里是韩国冬季最先降雪的地区，再加上有很多高山，拥有地形优势。每年的 11 月中旬到 2 月末都是滑雪旺季。江原道有十多个大大小小的滑雪场。其中，龙平滑雪场作为韩剧《冬季恋歌》的拍摄地最为知名。龙平滑雪场是韩国最早开设的滑雪场，滑雪设施较为齐全，有“韩国的阿尔卑斯”之称。这里曾举办过多次滑雪世界杯和冬季亚运会。

江原道 High 1 度假村
강원도하이원리조트

八、运动

运动也是韩国人普遍喜欢的一种休闲活动。根据舆论调查机构盖洛普 2015 年 2 月份发布的《2014 年韩国人的兴趣爱好》调查，韩国人最喜爱的运动是“登山”，占 14%。此外，跆拳道、棒球等也深受韩国人的喜爱。

（一）登山

韩国人最喜欢的户外运动非登山莫属。每到周末，地铁里坐满了“全副武装”的登山爱好者，因此也有人戏称韩国人是“周末战士”。无论男女老少，登山装备都非常齐全，穿着就像专业登山运动员一样。“등산복（登山服）”“등산화（登山鞋）”都是必备装备，老年人还会准备专业的登山杖。韩国人之所以非常热衷于登山运动，主要原因有三。一、韩国的山地资源丰富，山多且不高，为登山带来便利；二、与民族性息息相关，韩国人认为登山可以磨炼人的意志；三、平时的工作、生活压力较大，通过登山可以释放压力。在韩国，登山已经成为一种文化。据统计，1/3 的韩国人在一个

月内登山一次以上。韩国人在登山时，会提前准备精美的便当（一般是紫菜包饭）、几瓶米酒或烧酒。到达山顶时，大家会欢呼雀跃，一起喝酒庆祝。有时还会准备好帐篷，在登山结束后直接在山脚下“安营扎寨”。

宿营
캠핑

登山
등산

（二）跆拳道

跆拳道(태권도)起源于朝鲜半岛，最早是由朝鲜三国时期的跆跟、花郎道演化而来的韩国民间的一项技击术。跆拳道不使用任何武器，只借助人体，却依然具有一招制胜的攻击力。这主要是源于跆拳道强调防御为主的原理，同时跆拳道尊重和平和公平性的精神指向。2000 年悉尼奥运会上，跆拳道被指定为正式的比赛项目。此后，韩国运动员在奥运会跆拳道比赛上斩获了许多奖项。

儿童跆拳道比赛
어린이 태권도 시합

成人跆拳道表演
성인 태권도시범

作为韩国的一项“国民运动”，跆拳道对青少年成长发育、老年人强身健体、女性防身自卫都具有良好效果。韩国人从小开始学习跆拳道，跆拳道馆分为成人跆拳道馆和儿童跆拳道馆。跆拳道腰带颜色不同，所代表的级别也不同。腰带依次分为白、黄、黄绿、绿、绿蓝、蓝、蓝红、红、红黑、黑十种颜色。其中，白带是最低级别，表示练习者没有任何跆拳道基础；黑带是最高级别，表示练习者经过长期的胫骨训练，其技术动作与思想修为已经相当成熟。

（三）棒球

在韩国，棒球是深受国民喜欢的一项运动，其受欢迎程度不亚于足球。近年来，喜欢棒球的人越来越多，许多韩国学生从小学起便开始学习棒球。小型棒球游乐场在韩国非常普遍，价格也很亲民。一般成人 4 000 韩元（约合人民币 24 元），儿童 3 000 韩元（约合人民币 18 元）。大型棒球场通常需要提前预约。周末，经常可以看到学生或者上班族三五成群自发组成业余棒球队在球场练习。高校也经常联合起来组织棒球比赛，每年的“延高战”[13]吸引了大量观众前往观看。

职业棒球是最受韩国人喜欢的竞技体育项目之一。韩国曾在 2008 年北京奥运会上获得棒球金牌，2009 年世界棒球经典赛上获得亚军。韩国的职业棒球联赛，中场休息时有“亲吻时间（kiss time）”或“告白时间”。摄影师会随机拍摄观众席上的情侣，并投到场上的电子显示屏，被拍到的情侣互相亲吻，这为球赛增添了另一番乐趣。斗山熊队和 LG 双子队深受韩国棒球迷们的喜爱，棒球明星柳贤振在韩国几乎无人不知。

职业棒球赛场地
프로 야구 경기장

延高战
연고전

13　每年的 9 月份，韩国延世大学与高丽大学两所高校间的传统体育比赛“延高战”就会拉开序幕。延世大学与高丽大学不仅在学术上旗鼓相当，在体育方面也要一决高下。因此，自 1965 年起，两所高校几乎每年都会举办一场盛大的体育对抗赛，在棒球、篮球、冰球、橄榄球、足球五个项目上展开角逐，这就是“延高战”。

第 4 章　韩国的历史进程

公元 918 年，王建统一了朝鲜半岛，建立了统一国家——高丽。高丽王朝之前的历史，韩国人统称为上古时期的历史，本章从高丽王朝的建立开始讲起。

一、高丽王朝

（一）高丽王朝的历史

高丽建国之初，王权主要依靠地方豪强组成的政治力量。伴随着社会的不断发展，王权的加强与中央集权政治体制的建立成为必需。成宗时期，政府大力推行各项改革，仿照中国隋唐政治体制，三省六部制与中枢院制度并举，并设立国子监，培养儒学人才。成宗的改革还包括货币流通政策、国家救济制度、劝农政策、分司制度，逐步形成重文轻武的社会风尚。

高丽王朝的土地制度大体沿袭中国隋唐时期的班田制，禁止私人拥有土地，土地所有权归国家所有，收租权则有公私之分。公田的收租权属于国家，私田的收租权属于贵族、官僚和寺院等，这一制度被称为田柴科制度。田柴科制度在设立之初是高丽中央集权体制坚实的经济基础，不论文武官员、职位高低均按照品科给予一定的田土和柴地，一定时期发挥了稳定社会的作用。但是随着“功荫田”（“功荫柴田”允许功臣贵戚继承公田）的扩大，以及国家控制的公田数量的日益减少，田柴科制度无法继续施行。加之大地主所有制的出现，最终引发高丽中央集权制度的分崩离析。

高丽王朝实行奖励农耕政策，农耕因此得到了广泛普及，生产力大幅提高，农田面积也大幅增加。税率沿袭唐朝体制实行租庸调制，奖励垦荒、减免田租。这些政策均有利于农业经济的发展。除了田租与一定的贡赋之外，年满 16 岁至 60 岁的男子必须服徭役与兵役。这两项义务要求农民无偿为国家提供劳动。为了逃避兵役与徭役，大量农民弃地从佃，成为豪强地主的佃农，这也在客观上助长了大地主所有制的发展。

上古时期的朝鲜半岛处于一个“开放”的状态,在诸多领域里和周边国家频繁互动。但在后三国的分裂与统一时期以及高丽建国初期，军事、政治层面上的大一统并没有使得朝鲜半岛内部的统一得以真正完成。

高丽时期的道德伦理基础仍深受儒学理念的影响。光宗时期，科举制度的实行使得儒学理念得到了更进一步的深化。虽然受到过佛教的压制,但伴随着高丽时期国子监、乡校等教育机构的开设，儒学仍然得到了持续的发展。有“海东孔子”之称的儒家学者崔冲引领另外 11 名儒学者共同创办私学，史称“十二公徒”。道教在高丽时期的民众生活中也扮演着积极的角色，影响虽然不及佛教，但与佛教、儒教一样，具有祈愿现世福报的护国宗教特点。

高丽社会等级制度森严，贵族、中间阶层、良人以及贱民之间等级分明。王室和贵族享有特权，他们的生活风貌在文学艺术领域里得到了充分的展现与保存。高丽工艺美术技艺高超，高丽青瓷闻名于世。精美的高丽青瓷在色彩、形态、花样上均体现出了高丽贵族文化的佛教特色。

高丽王朝首次统一了度量衡制度，在中央和地方城市都设有大型集市，使得经济一度繁荣发展，促使了金属货币铁钱的产生。商品货币的出现又促进了对外贸易的活跃。恭愍王由于追求独立自主，力主推行内政改革，在政变中遭到暗杀。其后，高丽政权接连由年幼的王世子接任，高丽政界由权臣轮番把持，由此进入了混乱时期。此时，新兴士大夫势力逐渐成长起来。李成桂便是新兴武将势力的代表人物，他通过参与崔莹的肃清行动掌握了一定权力，其后因为推行削弱门阀贵族势力的政治改革，主张亲民的对外政策而与崔莹产生分歧。通过威化岛回师，李成桂成为高丽朝中掌握实权的人物，他积极笼络朝中郑道传等新兴改革派势力，通过搜捕和诛杀对门阀政治势力进行政治镇压，推行土地改革为巩固新兴武人集团和士大夫阶层政治地位奠定经济基础。

二、朝鲜王朝

（一）朝鲜王朝的历史

1392 年，高丽大将李成桂率兵起义、废除国王、改国号为“朝鲜”，史称太祖。拥立太祖的社会改革派大臣主张抑佛崇儒，他们通过著书立说的方式使得儒学政治哲学成为朝鲜王朝的治国理念。

朝鲜王朝在太祖末期曾出现八位王子争夺王位的风波。其中五子李芳远在拥立太祖的过程中劳苦功高，势力较强。他于 1398 年先后铲除了异母兄弟芳硕与芳蕃，随后逼其父太祖李成桂退位，借机除掉四哥芳幹，拥立二哥芳果为王，是为定宗（1399-1400）。其后定宗退位，他最终得以登上王位，是为太宗（1401-1418）。太宗在即位之前就具有一定的政治权力，在位期间，他彻底废除私兵制掌握了军权，通过设置六曹、承政院等官僚机构强化王权，进一步完善了官僚政治体制。

太宗之后，世宗李祹即位，史称世宗大王（1419-1450）。世宗大王在位期间，在诸多领域都做出了杰出的贡献。他带领集贤殿学者为朝鲜社会政治、经济、文化体制的确立立下了汗马功劳。世宗年间相对安定的政治局面在文宗时期（1450-1452）一度陷入混乱。37 岁才登上王位的文宗在其父世宗末期已经开始摄政，但在外戚、胞弟等诸多势力的包围之下政局依旧不稳，仅在位两年就离世，将王位留给了年仅 12 岁的端宗。端宗即位之时，其叔父首阳大君便开始谋划篡夺王位，一步步掌握兵权。1455 年，端宗被迫让位于叔父首阳大君，是为世祖，随后被流放至宁越，最后被赐死。世祖首阳大君在登上王位之后，为了稳定政局，巩固自己的统治地位，采取了一系列铁血手段发动政治清洗运动。世祖的即位手段虽饱受争议，但其在强化王权、完善法典、确立中央集权的两班官僚政治体制方面显示出了治国才略。

朝鲜王朝是一个等级森严的封建王朝，身份与阶层的划分明确，大体上分为两班、中人、良人和贱民四个阶层。以两班官僚及其家族为主体的特权阶层在政治、经济、文化上享有特权，拥有土地和奴隶；中人则包含下级官吏、技术官员；良人主要指平民与庶民，是承担国家徭役、赋税与军役的主要劳动力；贱民主要指奴婢、白丁、娼妓等社会底层阶级。两班贵族阶级在朝鲜王朝不但享有国家授予的土地与俸禄，还享有免税、免役的特权，在科举考试与出仕选拔方面也享有特权。二品以上的官员子弟可以不通过科举考试，直接通过荫叙获取官职。良人虽然享有参加科举考试的权利，但受到家世与门第的限制，几乎没有及第的可能性。

朝鲜官僚社会以儒学为政治核心理念，非常看重儒学经典的阐释与研究。政府在中央开设了国家最高学府“成均馆”（韩国成均馆大学的前身），在地方开设了“乡校”以及私学性质的书堂与书院，主要针对当时两班子弟讲读儒家经史、培养国家官吏。

朝鲜王朝建立后实行尊儒抑佛的政策，高丽时期佛教的国教地位被废除的同时，程朱理学得到了很大的发展，并由此引发了性理学的发展与变化。早期倡导者李穑（1328–1396）、郑道传(1337–1398)、权近(1352–1409)等主张“天则理也”“太极生天地万物”的性理学思想，推行三纲五常为代表的伦理道德。其后赵光祖(1482–1519)提出“理一元”论，主张王道政治；李彦迪（1491–1553）提倡“无极太极论”，理先气后，以理为本。以赵光祖和李彦迪为代表的士林派通过进一步发展程朱理学，巩固了其在朝鲜社会的地位。16世纪后半期，儒学大家退溪李滉（1501–1570）与栗谷李珥（1536–1584）登上历史舞台，李滉主张“理先气后”，注重内在的道德修养，具有内向、主观的属性；李珥则主张“气发理乘论”，重视实践，具有外向、客观的属性。他们二者的思想各成一派，被后世所继承和发扬，具有十分重要的社会影响。

《朝鲜王朝实录》是一本编年体史书。除此之外，朝鲜王朝还秉承“以史为鉴”的理念，悉仿中国的《史记》与《资治通鉴》对前朝的历史进行编纂，主要有《高丽国史》《高丽史》以及《高丽史节要》等书。政治上的稳定逐渐带来文化艺术的繁荣。1443年，世宗大王主持创制朝鲜文字，为朝鲜文学艺术的发展奠定了良好的语言文字基础。汉文学在朝鲜文学中仍然保留主流地位，同时还出现了“时调”和“歌辞”这两大具有民族特色的文学体裁。绘画艺术在朝鲜时期也得到了发展，绘画作品按题材可以分为山水画、人物画和花卉画。申师任堂、李岩是朝鲜时期著名的画家。

朝鲜王朝时期，科学技术进步巨大，农业、天文、印刷及医疗卫生等诸多领域都取得了长足发展。农业生产是封建社会发展进步的原动力，农业技术的开发与应用在朝鲜社会受到高度重视。世宗时期编纂而成的农业书籍《农事直说》具有十分重要的实践意义。世宗时期还出现了浑天仪、日星定时仪、日晷等科学仪器。朝鲜时期还重视开发金属活字印刷，印刷业逐步发展。朝鲜的医学主要依托三医司，典医监、惠民署和内医院的三级医疗体系可以惠及上至王公大臣下至黎民百姓，为朝鲜医学的进步提供了体制支撑。

朝鲜东南沿海时常受到倭寇的侵扰，朝鲜和日本双方贸易交往一度中断。16世纪的朝鲜官僚政治内部出现了纷争激烈的党争，中央集权遭到削弱，政局混乱。此时，日本在丰臣秀吉的统一之下，逐步走上对外扩张的道路。1592年4月，丰臣秀吉派军入侵朝鲜，史称“임진왜란（万历朝鲜战争）”。倭军由釜山登陆一路北上，迅速攻占汉城。朝鲜军队在陆路接连失利，王室在汉城沦陷之前弃城逃跑。倭军在北上入侵途中掳走两位王子，并将宣祖逼迫至鸭绿江边，在短短两个月内占领平壤。但是倭军在水路方面遇到了朝鲜全罗道左水军节度使李舜臣的殊死抵抗。他深谙海事，利用龟船的精巧设计，结合战术应用巧妙地击败倭军的进攻。

尽管有李舜臣这样的忠臣干将，抗倭战争中朝鲜军队的节节败退之势还是无法得到扭转。之后在明朝的协助之下，朝鲜军队收复开城、汉城，双方一度进入休战状态。宣祖也于1593年4月回到汉城。与日本和谈无果后，丰臣秀吉再次派兵入侵朝鲜，史称“丁酉倭乱”。朝鲜政府无奈又重新启用被诬陷革职的李舜臣。在他的指挥下，朝鲜水军取得鸣梁海战的胜利，封锁倭军的水路西进路线。1598年，丰臣秀吉离世，倭军势力退出朝鲜半岛。此时的朝鲜半岛，政治上秩序紊乱，经济上破败萧条，元气大伤。

历经倭乱之后的朝鲜王朝风雨飘摇，国势日渐衰败。连年战争造成土地荒芜，租税制度难以实施，财政陷入混乱。在接连不断的外患危机下，国家的中心任务逐渐转移至守御边防、稳固政权。中央行政机构逐渐丧失实权，负责防御外寇入侵的备边司的权限不断增大。随着经济和政治结构的调整,军事上接连新设“守御厅”“御营厅”“禁卫营”等一系列专门机构来强化防卫。由于财政无法支持军政，故更改义务兵役制为募兵制。缴纳定量的军布即可免除军役。

朝鲜王朝中后期的政治斗争激烈，农村自然经济发展困难，社会秩序混乱。曾经作为国家治理理念的性理学沦为党争工具，成为脱离实际的无用空谈，不具备解决社会问题的功能。社会缺乏稳健的政治根基，经济发展欠缺活力。与此同时，西方先进的文明与知识通过使臣交流陆续传入朝鲜。农业生产的逐步恢复促进了手工业与商品经济的发展。农村自然经济加速瓦解，市民阶层开始分化。17世纪，西学东渐与明清实学的传入，给朝鲜传统的士大夫阶层知识分子带来了巨大的思想冲击，他们开始面对现实，注重实事求是，提出一系列经世致用的实学思想，为朝鲜社会发展提供了思想支持。初期，实学派代表人物柳馨远（1622-1673）、李瀷(1681-1763)等针砭时弊，提倡以民为本、以农为本。英祖实施“荡平策”，缓和尖锐的党争矛盾，奖励农桑，重视文化建设，进一步推动朝鲜实学的发展。18世纪，实学顺应时势从“经世致用”转向“利用厚生”。朴趾源、洪大容、朴齐家等是这一时期实学派代表人物。朴趾源的代表作品《热河日记》《课农小抄》等就体现出“农工商贾，各有其学”的观点，主张重视商业流通并强调生产技术的重要性。丁若镛是19世纪初朝鲜实学发展的集大成者，他的《牧民新书》《经世遗表》《与犹堂全书》是经世致用与利用厚生学说的经典结合。

英祖与正祖时期的开明政治使得朝鲜在平稳的政治局面上进一步繁荣发展，党争的政治弊端仍旧没有在根本上得以消除。从19世纪初纯祖即位到19世纪中叶（1801-1863）哲宗时代结束,三代朝鲜国王都是年幼即位,外戚专权,王权旁落,同时滋养出“势道政治”的弊病。官僚阶层的腐败与混乱使社会矛盾加剧，进而导致农民不堪忍受过重的赋税徭役纷纷开始反抗起义。这些叛乱都是地方官吏的贪污腐败，大肆搜刮民脂民膏所引发的。虽然起义遭到政府军镇压，农民起义领袖被杀害或被流放，但是在撼动封建王朝思想基础的层面上，叛乱仍然具有积极意义。在新旧文化交融、社会矛盾尖锐的时期,农民起义的不断发生使得朝鲜社会逐渐萌发了应对社会矛盾的新思想——

东学思想。1860年，没落的两班后裔崔济愚在儒释道思想的基础上创立了东学，提出"人乃天"的思想，否定门阀制度与等级观念，主张平等。东学思想一经提出就得到了广大农民的积极响应，并迅速传播到忠清道、全罗道、京畿道等地。随着东学的影响力不断扩大，政府着手开始镇压。1861年，崔济愚被哲宗以传播邪教的罪名处以死刑。第二代教主崔世亨时期，东学势力又开始不断壮大，逐渐演变成开展大规模军事行动的农民革命战争。朝鲜政府镇压无果，向东学军提出休战和谈，并向日方通报，寻求日方兵力支持。日军在朝鲜的驻屯加深了矛盾的激化，东学军的口号从"斥倭"升级为"抗日救国"。最终，东学军在朝鲜政府与日本的联合攻击之下大败，大批教徒遭到杀害，轰动一时的东学农民运动就此落幕。

朝鲜的势道政治与王室权力之间的斗争在1863年哲宗过世后达到顶峰，最终兴宣君李罡应的次子得以即位，是为高宗（1864-1906）。兴宣君得号大院君，开启了他12年的摄政生涯。面对当时朝鲜社会的混乱局面，大院君着力推行改革，任用一些有识之士加强王权，打击外戚专权势力；整顿现有书院，禁止新设书院，把党争和地方势力的核心基础消除。在军事上，他废除权力核心备边司，通过议政府和三军府来确立文、武分治；在经济上，他严惩贪官污吏，推行廉政，废除对农民课以重税的税收制度，有效地缓解平民和农民的经济重担。在外交上，他主张采取闭关锁国政策，购置军事设备，开拓边防。在大院君摄政初期，朝鲜对天主教比较宽容；中后期由于西方列强不断提出通商要求，大院君的态度有所转变。1871年，美国政府意图迫使朝鲜开放通商口岸而进攻朝鲜，在大院君组织的强有力的军事防御之下，美国失败而归，这让大院君更加坚定闭关锁国的排外政策。与此同时，他在对内统治上着力加强王权，削弱两班阶层的政治、经济利益，引发了两班贵族阶层的强势反攻。1873年，在两班势力的弹劾之下，大院君下台后，外戚闵氏一族掌握政权。1876年，日本以"云阳号事件"为借口要求朝鲜政府与其缔结条约，在国内议和派的建议下，签订了《江华岛条约》。该条约中尽管有"朝鲜国自主之邦，保有与日本国平等之权"的约定，但实质上为日本入侵朝鲜做了铺垫。"通商章程"签订后，釜山正式对外开放，元山港和济物浦（今仁川）也被强制开放。该条约的签订使得朝鲜不得不重视对日关系，高宗派遣使者前往日本观察学习日本明治维新，并将成果运用于朝鲜，文明开化思想也一并传入朝鲜半岛。朝鲜政府专设"统领机务衙门"逐步推行开化政策，改革军制，学习新式军事。朝鲜政府还主动和西方国家签订通商条约，试图建立新型国际关系。《朝美修好通商条约》是朝鲜与西方签署的第一个条约，保障了美国商人在朝鲜的利益，虽然存在部分不平等性，但是它标志着朝鲜政府对外政策态度的转变。

高宗政府推行对外开放政策的政治支持力量来自开化派知识分子，主要由年轻的两班儒生组成，代表人物有朴圭寿、金玉均、洪英植、徐光范等。他们大多接触过近代先进文明，主张积极引进西方先进知识，并刊印改革维新书籍与报刊，重视对民众普及开化思想，设立英语学校，向日本和中国派往留学生，全方位地了解和学习西方政治、经济制度。开化派知识分子在朝鲜近代社会发展的过程中发挥了重要的积极作用。在开化派内部就实行开化革新的方式上存在重大分歧：温和派主张推行改革；激进派则主张向日本学习明治维新，独立自主地实现开化革新。与开化派相对立的保守派知识分子反对高宗政府提出的开化政策，他们认为外来势力的渗透会给国家造成混乱并带来危机，警惕日本将来会入侵朝鲜。反对者们上书高宗提出“为正斥邪论”，并推举原本的政敌大院君。于是，大院君伺机谋划东山再起，却在发动政变时走漏风声，遭受到严厉的打击，双方矛盾进一步升级。心有不甘的大院君利用旧式军队军卒对高宗重视新式军队的不满情绪发动暴动，重新获得了处理国家政务的政治权利，全面废除开化政策，恢复旧式军营军制，释放主张“为正斥邪论”的儒学者，搜捕闵氏家族和开化派人士。

1882 年 8 月，闵氏家族借助军事援助清除了以大院君为代表的保守势力，恢复政治权力。此时开化派内部的矛盾重新被激化，以金玉均为代表的激化派于 1884 年 12 月联合日本发动政变，史称“甲申政变”。但激化派政权仅仅维持了三天就匆匆落幕，温和派借助外部力量暂时驱除了日本势力。

1894 年 7 月 25 日，中日甲午战争爆发。日本保留在朝鲜驻兵的同时，对朝鲜不断施压要求其进行内政改革。同年，朝鲜政府组织新内阁，设立军国机务处推行近代化改革，并聘请日本公使为顾问，史称“甲午更张”。机务处成员由亲日的开化派和中立人士组成。朝鲜政府在政治上，废除了科举制度，采用新的官吏任用制度；在司法上，与行政分离，收回地方官府的司法与军事权；在经济上，整顿货币制度，使用新货币征收赋税；在社会等级制度上，废除身份与奴婢制度，消除两班与平民、文班与武班的身份差别。

“甲午更张”意味着朝鲜半岛近代化的开始，尽管这是一次由日本主导的改革，但是朝鲜在政治、经济等领域真正开始了近代化进程。1895 年，中日甲午战争结束后，朝鲜不甘心受日本控制，以闵妃（明成皇后）为代表的开化派势力主张与俄国交好，试图通过与俄国联手进而与日本势力进行斗争。同年，日本策划谋杀闵妃，史称“乙未事变”。俄国也并不甘心日本在朝鲜半岛势力日渐扩大。1896 年，亲俄派联合俄国势力将高宗藏在俄国公使馆，处死和流放亲日派成员，重新组建亲俄内阁，史称“俄馆播迁”。此次事件后，俄国的势力在朝鲜迅速扩张，日俄之间的较量与争夺在客观上为大韩帝国的建立提供了有利时机。

三、代表性人物

（一）世宗大王

世宗大王（1397-1450）李祹，字元正，尊侍英文睿武仁圣明孝大王，谥号庄宪，庙号世宗，是朝鲜王朝第四代君主，朝鲜王朝第二任国王。他是太宗的三子，在太宗十八年(1418)世子长兄让宁大君李禔被废后他被册封为王世子。同年接受太宗禅让，在景福宫勤政殿登基即位。

世宗在位期间是朝鲜王朝的鼎盛时期，社会稳定，政治、经济、文化都取得了长足发展。1420年，世宗大王开始着手扩充集贤殿，培养学者，钻研学问，研讨制度弊病，确立行政体制。他还主持编纂了历史、地理、政治、经济、天文、道德、礼仪、文字、音韵学、文学、宗教、军事、农业、医学、音乐等领域的书籍，这些典籍成为朝鲜时期文化生活的重要指南。

世宗在科技领域的贡献尤其突出，他主持制造了天球仪、日时计、水时计、自击漏、浑天仪、日晷等天文仪器。1441年，他主持发明了测量降雨量的测雨器和测量河川水文的水标，并且编著了天文历书《七政算内篇》《七政算外篇》和《诸家历象集》。这台测雨器是世界上最早的测雨器，比意大利人贝内德托发明的测雨器早了近两百年。他还推行度量衡的考证以求物量交易的公正，贡献了经济政策等各种政策制度的制定标准；编撰农学经典《农事直说》为农业发展做指导；制定租税制度的时候为了更好地体现民意，向民众争取意见；设立田制详订所，确立朝鲜王朝五百年间的税收制度。

世宗大王在位期间还整顿了医疗机关，编修《乡药采取月令》《乡药集成方》《医方类聚》等医书；改善监狱设施，禁止滥刑，为防止冤假错案实施三审制度；编撰法医学专业书籍《新注无冤录》，实施人命死伤检验的检尸制度，在刑政上取得了划时代的发展。世宗在位期间还施行了一系列具有人文关怀的政策，年幼的孩童以及老年罪犯可以从轻处罚，官婢的生产假期也大幅增加。

1443年，世宗力排众议亲自带领集贤殿学士创制了朝鲜文字——谚文（粗俗的文字，供庶民使用的文字）。1443至1446年，《训民正音》正式发布之前，世宗还主持编写了《龙飞御天歌》《释谱详节》《东国正音》《洪武正音言训》等文书致力于普及《训民正音》，使用谚文翻译经书和文学书籍。世宗出于民族自尊心与使命感的这一创举在韩国的文字史上具有划时代的意义。

世宗在位期间尊崇儒教，实行道义政治，整顿佛寺，弘扬佛法，在景福宫内修建了内佛堂，形成了儒教、佛教以及道教和谐发展的灿烂文化。世宗年间还设立四郡六镇加强边防，同时调查国家地理现状，组织编撰地理志，制作实测地图《东国地图》，完成民族制度的确立，开创了国泰民安的黄金时代。

（二）申师任堂

申师任堂（1504–1551），本名申仁惠，堂号“师任”，是朝鲜中期杰出的女艺术家，擅长写诗、作画与书法。她是朝鲜王朝中期著名学者李珥的母亲。她出生于江原道江陵的两班贵族家庭，其父申命和为当地名贤之士，其母为龙仁李氏李思温之女。父亲申命和于1516年（中宗11年）考取进士，但并未走向仕途。外公李思温将申师任堂的母亲当作儿子抚养，即使出嫁后也让她在娘家生活。因此申师任堂在外婆家长大，向母亲学习《女范》《学问》，并成长为一名妇德高尚的杰出女性。申师任堂19岁时与李元秀结婚。与其母亲一样，因家中没有儿子，在征求丈夫同意后一直居住在娘家。父亲离世，她在娘家守丧三年之后回到了汉阳。几年后又回到娘家与独自生活的母亲一起居住，并在江陵生下了三子李珥。栗谷李珥的才学正是得益于母亲申师任堂的言传身教。1541年，申师任堂38岁，为了打理婆家事务回到汉阳居住。1551年夏，丈夫赴任水运判官后与儿子一同回家途中，申师任堂骤然离世。

申师任堂不仅是朝鲜半岛贤妻良母的代名词，更是朝鲜第一女艺术家。她早在7岁便可独自临摹画作，具有独特的洞察力、判断力以及敏锐的感知力。她的画作、书法、诗作透露着一种婉约美。申师任堂常以昆虫、葡萄、花鸟、鱼竹、梅花、兰花、山水等为题作画，画作栩栩如生。传闻连院子里的小鸡经过画作都以为画上的虫子是真的，便扑上来啄画差点把纸啄破。

1868年，时任江陵府使的尹宗羲为了使申师任堂的书法永存于世，对其书法作品进行雕刻并保存于乌竹轩，还亲作跋文。他对申师任堂的书法大加赞赏：“精心雕琢，笔致幽远而高雅，雅致而又静谧，更可见她效仿太任所形成的美德。”

在成长以及生活环境上，申师任堂与普通朝鲜女性是截然不同的。申师任堂的丈夫对妻子的天赋不仅给予肯定，还会虚心接受妻子的意见、胸襟宽广。她没有经历过一般女性在婆家所遭受的精神压迫。正是在这样的环境下，申师任堂才能尽情施展才华。

第 5 章　韩国传统民俗与文化遗产

韩国作为我国的近邻，其文化传统深受我国古代思想的影响。直到今天，韩国的传统文化都保留着较强的中华色彩，如春节、端午节、中秋节等传统节日和周岁宴、花甲宴等与生老病死相关的传统仪式中都体现了中华文化。同时，韩国作为单一民族国家，其民族主体性表现较强，在吸收借鉴我国古代传统文化的过程中注重展示本民族的主体性色彩，因此其传统文化又具有与我国传统文化不同的特点。本章从岁时风俗、冠婚丧祭、韩国非物质文化遗产、世界文化遗产等方面，对韩国的传统文化进行介绍。

一、岁时风俗

岁时风俗是指一年内按照不同时期，依惯例、周期、仪礼等反复进行的约定俗成的行动或行为，即一年内按照特定时间进行的一种生活文化。“岁”指年，意味着一年；“时”代表四季，包含岁事、月令、时令，含有季节及时间的意思。韩国四季分明，以农历正月为岁首，三个月为一季，分为春夏秋冬四个季节，每个季节都有丰富多彩的风俗。

（一）春季风俗

春季风俗主要有春节习俗和正月十五习俗。正月为农闲期，各个节日的时间较长，作为一年的开始，有着重要的祈福功能。

春节是农历正月初一，即新的一年开始的日子，韩国人会换上韩服，祭拜祖先。在大年初一，全家齐聚举行郑重庄严的“祭礼和岁拜”仪式，仪式结束后，全家人一起吃新年的第一餐——年糕汤。韩国人把初一吃的食物统称为“岁餐”，年糕片代表太阳，因此吃年糕汤意味着辞旧迎新，迎接光明的太阳。在这一天，韩国人会互赠礼物，如牛排、黄花鱼、传统点心等，见面时彼此送上祝福，还举办岁妆、福笊篱、赶夜光鬼等活动。此外，韩国人在春节期间最喜欢玩“掷骰子”和“花牌”等传统游戏。

农历正月十五是一年中第一个月圆的日子，这一天意味着能够消灾祈福。在正月十五韩国有吃花生核桃、喝清酒、吃五谷饭的传统习俗。吃花生核桃是祈求身体健康，据说吃过之后在新的一年不会得皮肤病，牙齿也会坚硬无比。喝的清酒又被称为“耳明酒”，在正月十五的清晨饮用一杯清凉的清酒，据说饮后耳朵会更加灵敏清晰，可以随时听到好消息，也意味着在新的一年里没有什么不好的事情发生。吃五谷饭（五谷包括芸豆、大豆、小豆、黑豆和大米）也是正月十五的饮食传统之一。据说正月十五当天与不同姓氏的三家人一同分享一碗五谷饭，便会一年好运。除享用传统饮食外，在正月十五还会举行很多传统活动，比如在正月十五的前一天会进行“烧草游戏”，将稻草堆积起来，等到太阳落山以后，周围的人一起点火，四面八方熊熊燃烧的火堆形成一幅幅非常壮观的景象。这种集体在田埂上烧杂草的活动可以有效减少虫害，也带有消灾祈福的寓意。还有一种传统游戏叫“卖暑热”，在正月十五这一天，大家在太阳升起之前呼朋唤友，在听到对方叫自己的名字后，就用“买我的暑热吧”作为回答，这种风俗蕴含着卖掉暑热的人在夏天不会受暑热之苦，买下暑热的人会受暑热之苦的意思。

（二）夏季风俗

夏季指农历四月到六月，所谓春季播种、夏季生长，这个时期为照顾农作物比较繁忙，风俗不如春季多，主要节日就是端午节。

韩国端午节又称“端午祭”“重午”“重五”“端阳”“五月节”，韩国语中称“端午”为“上日”，亦指这天是神的日子。1967 年联合国教科文组织将“江陵端午祭”指定为韩国第 13 号无形文化遗产（非物质文化遗产），江陵位于东海之滨的江原道，是韩国仅有的较完整保留了端午习俗的地方。江陵端午祭一般开始于农历 4 月初，活动持续一个多月，其间除了会举办各种各样的官方祭祀仪式，还会组织丰富多彩的活动，如跳假面舞、摔跤、荡秋千、拔河、射箭等。祭祀仪式较为完整地保存了传统形式和内容，是江陵端午祭的核心组成部分。每年这个时候，总有数百万的游客前往江陵，参加“江陵端午祭”，亲身感受端午文化。江陵端午祭的祭祀仪式大多来源于韩国神话传说，有“大关岭山神”“洞（村落）城隍”等神灵，达十二位之多，著名的有梵日国师、金庾信等。

按照习俗，端午节要吃艾子糕、喝益仁汁，妇女用煮菖蒲的水洗头，并用菖蒲露化妆，被称为“菖蒲妆”。古时候，家家户户还会在门柱上贴朱砂符避邪，君臣之间互赠端午扇表示祝贺。随着社会经济的发展，这些风俗或慢慢消失或已被遗忘，现在一般只是做一张简单的祭祀台并摆上艾子糕等食品。

（三）秋季风俗

秋天是收获的季节，意味着美好和成功。在这个季节，韩国人的风俗习惯包含着很多对生活的美好向往和来自收获的喜悦。秋季主要有七夕和中秋两个节日。

七夕是农历七月初七，即牛郎和织女在喜鹊桥相会的日子。在韩国，祈拜织女星是七夕的代表性风俗，妇女早晨摆好香瓜、黄瓜等，磕头祈愿，希望自己和织女一样心灵手巧。在这个节日里，有一个重要的风俗是祭祀，妇女在祭台上供奉干净的井水，跪拜七夕神，祈求亲朋好友安宁快乐。七夕节所吃的食物主要以传统食品为主，比如面条、煎饼和蒸糕。除此之外，韩国七夕还有一个风俗——“晒书曝衣”，即利用七月这一炎热即将消散的时期，在过了阴雨季节之后，农民将阴雨季节期间的潮湿衣服和书籍拿出来，放在太阳下晒干。在七夕这一天，家家户户都把衣服和书籍堆放在自家院子里进行晾晒。

在韩国，中秋节是一年中除春节外第二重要的节日，又称“秋夕”，含有丰收和感恩的意思，主要活动有祭祀、伐草、扫墓、摔跤等。中秋节当天，韩国人会早早地在家里举办祭祀，家中女性提前准备好祭祀用品。和春节不同，中秋节祭祀时要用新米做成饭、酒以及糕，祭祀完成后，全家人共享用过的祭品。

中秋节要求祭拜祖坟，扫墓时要清除祖坟上夏季生长出来的茂盛的杂草。这是子女们对逝去长辈应尽的责任，也是尽孝，是韩国传统文化的体现。

摔跤是中秋节一项有趣的习俗。摔跤是沙场上男人们凭力气和技术一决胜负的竞技项目，进行方式为一对一擂台赛，最后的胜利者被授予“壮士”称号，并获得大米、牛等奖品。

与春节一样，中秋节全家老小也会穿上新衣服。传统习俗中是要穿韩国传统服饰——韩服，但近年来简化了很多，一般是买一身普通新衣服来代替。

松糕是中秋节最具代表性的韩国传统美食。松糕是把粳米磨成面后加入花生、红豆、栗子、枣等原料，再用手捏制而成。蒸松糕时一般会放入松枝，故松糕有松枝香味，这是它的特色。一般是在中秋节前一天，全家人聚在一起做松糕。

（四）冬季风俗

冬季是农历十月到十二月，在这个季节，农作物已收获完毕，一年即将结束，韩国古代就有在这个季节为来年做准备的习俗。这个季节的传统节日一般指除夕。

和中国一样，韩国也讲究大年三十必须回家团聚。每到除夕，韩国首尔到地方的公路，即“归省路”就会出现严重的拥堵。韩国人非常重视春节，大年初一早上全家人会祭拜祖先，因此子女们会提前一天回到父母身边，一起吃年夜饭，准备第二天的祭祀活动。韩国人在除夕也有不睡觉的习俗，即“守岁”，他们认为除夕睡觉的话眉毛会变白。同时，除夕饭也不能剩饭剩菜，有食物剩下意味着财运不好，会有债务。

二、冠婚丧祭

韩国人一生要举行各种烦琐的仪式，而现在很多形式已被简化。传统仪式主要有如下几种。

（一）出生和周岁

一个孩子的出生，要经历“挂禁线”“三七”“百日”等阶段。有孩子出生的家庭会在大门两边的柱子上挂禁线，禁线是用稻草编织的草绳。如果生的是男孩，就在草绳上挂木炭和辣椒；如果生的是女孩，就在草绳上挂木炭和松枝。这根禁线要连续挂满 21 天，凡是服丧期间和患病的人都不得进入这户人家。

三七是指孩子出生后的第三个七天，又被称为“兰宅”，在此期间婆婆要为儿媳妇做美味可口的食物，把蒸糕和海带汤分别送给亲戚、朋友和邻居，向大家表示产妇和婴儿都健康无恙，此后近亲就可以来探望了。

百日是指在孩子出生后的第一百天，宴请亲朋好友以及邻居，让孩子接受他们的祝福。百日纪念是韩国两大送礼习俗之一，因为过去婴儿死亡率很高，如果婴儿能够平安度过一百天，是很值得庆祝的事情，这样的习俗一直延续至今。在百日宴上，孩子穿着传统服装，周围摆上甜饼、水果和米糕，来宾向产妇和婴儿赠送衣服等礼品并表达祝福，共祈婴儿健康成长。

周岁是韩国孩子真正意义上的第一个生日，和百日一样，过去物质匮乏、婴儿死亡率高，人们认为孩子出生满一年是非常好的福气，家人会迎请韩国民间信仰的“三神奶奶”，即掌握小孩出生、寿命和疾病的神，感谢三神奶奶一直以来对孩子的照顾，并供上年糕、水果和丰富的菜肴。周岁宴会邀请亲戚、朋友以及同事等，和他们共同分享孩子的快乐。参加周岁宴的人要送小孩子礼物，过去一般是金戒指，但现在普遍改送现金，既减轻了宾客的负担，也能给予孩子父母养育子女方面的物质支持。和我国一样，“抓周”是韩国孩子周岁宴中不可或缺的一大仪式，家人将米、钱、书、针线、玩具等放在桌上，让孩子自由选择，他们抓到什么就代表未来的志向是什么。因此“抓周”含有给孩子带来福气，让孩子长命百岁的寓意。

（二）成人礼

韩国成人礼源于高丽时代，深受中国儒家传统文化礼仪的影响，是为男女青年分别举行“加冠”和“及笄”的风俗。当男子到 20 岁、女子到 15 岁时，家人择吉日为其举行“冠礼”。在古代，因为阴历正月为大，冠礼一般定在正月，男子为“加冠”，即请一位有名望的人士，给年轻人戴上用马鬃制作的纱帽，给男子加冠；女子为“及笄”，给女子授笄的一般是母亲，母亲给女儿挽起辫子、盘成发髻，再拿一个簪子插在发髻上。冠礼表示子女长大成人，可以考虑婚嫁问题了。这种仪式现在已经简化或取消，但作为习俗的延续和演变，学校会集体举行成人教育活动。对青少年进行一定形式的成人教育。在成人教育典礼上，向学生讲述冠礼传统，教育他们担负起成年人的责任和义务。在成人礼这天，学生们身着韩服，男生戴斗笠，行“冠礼”；女生头发编成髻，插簪子，行“笄礼”，向来宾进行跪拜，并进行“祭”“祝”等传统礼仪活动。

现在韩国的成年日大多安排在五月第三个星期一，韩国各地为年满 20 岁（虚岁）的青少年举办成人礼活动。成人礼作为传统仪式的一部分，其目的是宣告青少年成年的同时，激发他们为社会服务的责任感与义务感。

（三）婚姻

韩国人的结婚礼法自古以来一直沿用中国古代礼法，直到朝鲜王朝后期，韩国才有了自己的婚俗体系。韩国的结婚礼法包括婚谈、纳采、结婚、回娘家等步骤。

在举办婚礼之前，男女双方的家人在媒人的介绍下了解对方的家庭情况、学问及人品等，如果比较满意则双方父母相见并进一步了解，本人结婚前并没有见过对方。如果父母同意结婚，男方先送“请婚书”给女方，女方送“许婚书”给男方，议婚成立。

男方在收到许婚书后，写好“纳采文”和“四柱”，用红布包裹好送给女方。女方收到“四柱”后根据传统说法，参考男女双方的出生年月，决定好婚礼的日期和时间后，在白纸上写上“涓吉”二字送还给男方。

举行婚礼时新郎新娘必须穿着韩国传统服饰，为展现新娘的内秀和纯洁，在整个婚礼过程中新娘要一直平举双臂，眼睛以下部位用衣袖挡住。新郎迎接新娘走出闺房时，家中长辈用木勺将红枣、桂圆、花生、栗子等八宝谷物撒在新人身上，寓意早生贵子。然后新人跪拜祖先、跪拜父母、夫妻对拜，这称为“三拜”仪式。伴娘和伴郎也身穿传统服饰，把鸳鸯木酒壶中的喜酒分别倒入瓷杯、玻璃杯和金杯中，让新人喝交杯酒，寓意新人在今后的生活中无论贫贱富贵，都将相敬如宾。喝完交杯酒之后，新人向长辈敬茶，这个时候要双手举茶过顶，边鞠躬边敬茶，等长辈喝完茶后，新娘家进行的礼仪才算结束。

婚礼仪式结束后，新郎晚上在新娘家度过新婚之夜，住进“新房”，这里有一个习俗叫“守护新房”，据说是因为过去为了早点传宗接代，有早婚的习俗，新娘单相思的对象或者情人可能会在新婚之夜把新娘抢走，所以要守护新房；另一个说法是办喜事时恶鬼会接近，“好事多磨”，所以必须守护新房。

新郎在新娘家住满三天，然后和新娘一起回自己家，我们称之为“于归”或“新行”。“于归”之前，新娘家准备大枣和肉之类的礼品带到婆家。出门时，长辈同样用木勺舀起放在红木漆盘中的八宝谷物撒到新人身上。到了新郎家后，新娘被新郎家人撒大豆、小红豆、棉籽、盐等，双脚跨过门里的柴火，寓意为赶走杂鬼。

随后，把新娘家带来的食物放在桌上，新人给公婆行礼，逐一介绍家人和亲戚。这个时候只有新娘给家人磕头，新郎会站在桌子旁边给她介绍家人。如果祖父母还在世，那么祖父母要坐在另一桌。新娘给父母磕头跪拜后，接着给祖父母行跪拜礼。到新郎家后，除了常规的撒八宝、三拜、喝交杯酒、敬茶等仪式之外，还有一个“插鸡蛋”的风俗，即事先把去壳的熟鸡蛋埋在米缸里，新娘进婆家门后用筷子插鸡蛋，能一次插中两个鸡蛋的话，则预示婚后会生下双胞胎。

（四）寿宴

寿宴指六十周岁花甲宴，一般在长子家中摆上寿宴祝寿，是子女们为年满六十的父母举办的仪式，祝福老人身体健康、长命百岁。亲朋好友会前来祝寿，整个仪式非常隆重，男性穿戴金冠草服；女性穿小礼服，大家一起给过寿者赠送礼品。

（五）葬礼

韩国的葬礼深受儒家思想的影响，和中国有许多相似之处。男性丧服为黄白相间。死者入葬后，墓前立墓碑，一个月内，每天灵前供饭；一个月后，每逢初一和十五上供，持续进行一年。一周年时，进行“小祥”祭祀仪式，第二年进行“大祥”仪式。参加葬礼的亲朋好友将吊唁金装在信封里放在门口，送花的话一般送白色或黄色菊花。

三、韩国非物质文化遗产

韩国国土面积小，同时韩国人民族情节浓厚，所以在对本国的非物质文化遗产保护方面极其用心，这一节将对韩国的“非物质文化遗产”做一个全面了解。

（一）盘索里（판소리）

盘索里是韩国传统唱法，起源于朝鲜王朝肃宗（1674-1720）时期，即平民文化兴起发展的时期。盘索里原本为十二集锦，英祖和正祖时代“拍子”和“调”的范围得以扩大，“盘索里八代名唱”盛极一时。到了朝鲜后期，申在孝将盘索里的十二集锦简化为六集锦，也就是现在广为传唱的盘索里形式。

盘索里是表演长篇叙事性故事的音乐戏剧，由说唱者和鼓手一起表演。说唱者负责讲故事和歌唱，鼓手用大鼓敲打拍子，即兴插入伴声来烘托演奏气氛。听众对表演叫好助兴，叫好声和演奏合为一体，从某种意义上来讲，“合奏”是盘索里与生俱来的特点。节奏由慢到快，旋律变化多样，气氛也依据场景变化而变化。盘索里的表演时间非常长，大多数表演者会选取其中一部分进行表演。由于时间长、内容多，盘索里的表演者分工明确，很少有人单独能够演唱完整个曲目，在实际演奏中，只要把个人负责的部分完成即可。

流传至今并广泛传唱的盘索里剧目有《水宫歌》《赤壁歌》《沈清歌》《春香歌》《兴夫歌》等。

（二）假面舞

假面舞源于新罗时代（668 年—935 年），舞者佩戴表情夸张的人物面具、动物面具或神化面具，并以夸张的形态进行表演的传统舞蹈形式，现在我们看到的假面舞定型于 17 世纪。韩国假面舞最初来自民间，农民在节日聚餐时，以滑稽的舞蹈动作，讽刺统治者之间的政治矛盾，以达到排忧解闷、调节气氛的目的。

顾名思义，假面舞是戴假面表演的舞蹈形式。其表演采用唱诵、对白、舞蹈等艺术形式，具有较高的戏剧性。假面舞内容多带讽刺性，活泼而幽默，用箫、笛、鼓、长鼓、三弦琴等伴奏。

现在各地在继承原有的传统假面舞的基础上，结合本地特色，发展出多种类型的假面舞。其中，最有名的是风山假面舞。风山假面舞起初在阴历四月初八（佛祖诞生日）进行，后改为端午节。风山假面舞大概有 30 种面具，有人物面具以及狮子、猿猴等动物面具，其舞蹈形式有行者舞、手腕舞、法鼓舞、爱情舞、老僧舞、两班舞、捕盗神将舞、风骚巫婆舞、南极老人舞等。

行者舞是四个人扮成年轻和尚，穿白长衫、披红袈裟、戴高帽，讽刺年轻和尚不认真念经修道，到街上跳舞取乐的行为；手腕舞是八个人扮成黑衫僧，头戴狰狞的红色面具，有独舞也有群舞；法鼓舞是八个黑衫僧退场后，再由他们手拿长鼓和铜锣，和女舞者一起跳的即兴舞；爱情舞是穿黑衫的僧人们面戴假面具，头戴斗笠，身穿一件坎肩儿，和一个身着红裳绿袄的女舞者一起跳的即兴舞；老僧舞、两班舞、捕盗神将舞等是一种揭露僧侣腐败、丑恶，讽刺两班官僚的堕落的舞蹈形式；凤山假面舞描述了腐败的封建社会中的人民受苦受难的生活。

（三）四物游戏

四物游戏是一种起源于农耕社会的民间农乐，即按照节气和风俗进行时令活动的农民在开耕之前，在野外空地上进行集音乐、杂耍、舞蹈与民俗仪式为一体的表演，祈求或庆祝全村丰收。“四物”原本为佛教仪式中的梵钟、法鼓、云板、木鱼，经过长期发展演变成大锣、低音鼓、小锣及长鼓。它们代表风、云、雷、雨等四种自然现象，在此基础上形成了登台演出的四物游戏。表演者身穿韩服，配以强烈的节奏、夸张的动作和高亢的兴致，表达对大自然的崇高敬意。

四物游戏一直没有固定名字，直到 1978 年举办的第 10 届民俗音乐会上，有个表演巫戏的乐团名叫四物，这是四物游戏第一次登上舞台。四物游戏继承和体现了传统农乐精髓，比较真实地体现了民族精神，在很短的时间内就发展成为广受韩国民众欢迎的大众音乐，甚至被选为每届民俗音乐会的保留节目。

四物游戏形式多样、节奏活泼。在表演过程中，经常会融入“甩帽子”演出，即演员们组成特殊的圆形，头戴特制圆顶帽子，边晃动脑袋边演奏，随着身体移动，帽子上长达 5~6 米的白色飘带随之飞舞，赢得观众极高的赞赏和欢呼。自 1989 年起，韩国每年都会举办“世界四物游戏比赛”。

四、世界文化遗产

世界文化遗产是联合国教科文组织认定的、最具普遍价值的人类文化，截至 2021 年 5 月，韩国共有 14 处世界遗产，展现了韩国传统文化的精髓，包括 13 个文化遗产、1 个自然遗产。韩国世界文化遗产主要包括昌德宫、宗庙、水原华城、八万大藏经、石窟庵、庆州历史遗址、海印寺、佛国寺等。

（一）昌德宫

昌德宫位于首尔东部，是首尔五大宫殿之一，建于朝鲜太宗永乐三年（1405 年），1597 年被丰臣秀吉烧毁后得以重建。宫殿面积与建筑体量严格遵循和中国的宗藩关系，鼎盛时有宫殿 230 多间，保存到现在的建筑有敦化门、仁政殿、大造殿、后苑等 13 座 60 余间。

昌德宫原先是王的离宫，朝鲜后期取代景福宫，长期作为正宫使用。昌德宫完全按照自然地形进行设计，巧妙利用了后方较低的岗地和左右地形特点，其正门、正殿、内殿等最具自然风貌特征，也是迄今为止保存最为完整的宫殿。正门为敦化门，是现存最古老的建筑，和昌庆宫的正门弘化门一样，都具有很高的建筑价值。后院又称为秘苑或禁苑，里面有 100 多种树木，有的树树龄超过 300 年，后院还有溪水、荷花池和亭子，与自然和谐统一，展现了古代在建造宫殿方面的造园艺术，完美地体现了朝鲜时期宫殿设计的造景技巧。昌德宫是朝鲜后期国王执政议政之地，1997 年 12 月被联合国教科文组织世界文化遗产委员会指定为世界文化遗产。

（二）宗庙

为了祭祀祖先，1394 年朝鲜王朝开国君主李成桂下令建造宗庙，之后经过多次扩建，最终形成了当今的规模。韩国宗庙是世界最古老的皇家儒教祠庙，每年 5 月的第一个星期日会在这里举办祭礼，祭祀朝鲜王朝君主和王妃。联合国教科文组织 1995 年将其列入世界遗产名录，2001 年将宗庙祭礼和宗庙祭礼乐列入人类非物质文化遗产代表作名录。

宗庙内铺有两条特殊道路，一条路给灵魂使用；一条路作为御道，给王祭祀使用。两条路的路面都铺着青砖和石头，与一般的路有明显区别。王走的路中间比两边高，王和世子走中间，这象征韩国神殿建筑的尊严和权威。

（三）水原华城

水原华山可谓是朝鲜半岛的风水宝地。朝鲜第 22 代君王正祖为悼念父王，把父王的遗骸从杨州拜峰山迁葬至水原华山，并把周围邑城整体搬迁到水原八达山下，于 1796 年修建了水原华城。1997 年 12 月，联合国教科文组织认定水原华城为世界文化遗产。

据说水原华城建设之初，正祖听取了著名实学家柳馨远 (1622–1673) 和丁若镛 (1762–1836) 的建议，并以他们的建议为设计方针，建成了韩国最具科学性的城墙。水原华城的城门分布在东西南北，北门叫长安门，南门叫八达门，东门叫苍龙门，西门叫华西门。在水原城内河流与城墙连接处设置了 7 扇拱形水门，其上修建楼阁，取名华虹门，华虹门横跨水原江，是韩国唯一一间水上楼阁。修建华城的目的不在于军事，而是体现正祖对父母的孝心。

（四）八万大藏经

八万大藏经，又称高丽大藏经，是指藏经的版数有八万多张，也来源于佛教对大无可表之数的概括，就像通常说佛法有八万四千法门或众生有八万四千烦恼一样。其制作以契丹入侵为契机，始于 1011 年 , 历经 77 年，于 1087 年完成，是世界上最重要和最全面的大藏经之一。八万大藏经内容丰富、翔实准确，设计精美，是韩国第 32 号国宝，其保存地海印寺也因此名声大噪，和大藏经在 1995 年被联合国教科文组织指定为世界遗产。

海印寺藏经板殿

해인사 대장경판 판고 내부

大藏经经板原料采用海岛上生长的桦木和伏樟木，先将其在海水中浸泡三年，取出后晾晒三年，后用盐水浸泡，再放置阴凉处晾干，用刨子刮平，作成经版。刻经时要沐手焚香，在佛前虔诚祈祷：唯愿三宝加被，经文丝毫无差。祈祷之后先用毛笔在木版上写经文，每写一字都必须虔诚叩拜，再按照顺序遵字迹雕刻。整部藏经前后虽由 30 多人书写完成，但统一使用欧阳询字体，如同出自一人之手，精湛美观、校订严谨。

（五）石窟庵

石窟庵于 1900 年被偶然发现，它位于韩国庆州郊外吐含山东侧半山腰上，因建在自然巨石凿成的石窟之内而得名。

751 年，新罗景德王时期宰相金大城下令修建石窟庵。石窟庵全部由花岗岩雕刻，修建之初就被命名为石佛寺，建造历时 24 年，于 774 年即新罗惠恭王时期竣工。主室为圆形，中间安放着本尊佛释迦牟尼如来佛像，佛像面朝大海，表情慈悲，被称为世界上最美石佛，神仙、菩萨和信徒环绕在本尊佛周围，顶部和基座上雕有浮雕，形象逼真，是远东地区佛教艺术的杰作。石窟庵是韩国典型的石窟寺庙，被誉为新罗全盛时期最好的建筑杰作，其综合体现了建筑、水文、几何、宗教、艺术之大成，是韩国第 24 号国宝，1995 年被联合国教科文组织指定为世界文化遗产。

（六）庆州历史遗址

庆州是千年古都，位于韩国中部，四面环山，东有明治山，西有玉女峰、仙缘峰（西岳），南有南山（金鳌山），北有金刚山（西岳）。西川、南川、北川三水汇合与此，环绕城邑。公元前 57 年，上古时期的新罗王国建都于此。庆州是朝鲜半岛上历史遗迹最多的地方，被誉为没有围墙的文化博物馆。

庆州除了佛国寺和石窟庵外，还有感恩寺、瞻星台、临海殿等历史遗迹。除此之外，新罗时代的外城（山城）、王宫（半月城）、新罗第五代婆娑王所筑的满月城遗迹也都位于庆州。虽然之后有重建的情况，但庆州基本保留了往日风貌，是联合国教科文组织认定的 12 座文化城市之一。

（七）海印寺

海印寺坐落于伽耶山，由顺应和理贞两位高僧修建于新罗哀庄王 3 年（公元 802 年），“海印”出自华严经的“海印三昧”，指的是菩萨的正确觉悟世界，也是指我们未受污染的清洁无瑕的本心。海印寺曾是新罗时期华严宗十大道场之一。现在海印寺内保存着八万大藏经（国宝第 32 号）和藏经板殿（国宝第 52 号）等 15 处珍贵文物及 200 多件“私宝”等文化遗产和古迹。1995 年 12 月，海印寺被收录进世界文化遗产。寺内现有一柱门、大寂光殿、冥府殿、极乐殿、观音殿、堆雪堂、清和堂、九光楼、四云堂、凤皇门等建筑古迹。

（八）佛国寺

佛国寺坐落于庆尚北道庆州市吐含山，在庆州市东南方向约 13 千米处。佛国寺又称华严佛国寺、华严法流寺。

佛国寺始建于 751 年，其后经历了多次修复和扩建。1969 年韩国政府专门成立了佛国寺复原委员会，于 1973 年在原址重建无说殿、观音殿、经楼、回廊以及大雄殿、极乐殿、紫霞门等，同时对其他建筑的老化部分进行了修缮。

佛国寺最有特色的是院落布局，其独特之处在于平面格对的廊院式结构、并联的东西院落。佛国寺的石造古迹都是由花岗岩建造，在形态、建筑方法上浓缩了当时土木建筑技术的精华。佛国寺的建筑之美令人慨叹，两座阿弥陀佛佛像被指定为韩国国宝级文化遗产。佛国寺作为韩国石造艺术的宝库，荣获韩国最美佛寺的美誉，1995 年进入联合国世界遗产名录。

第 6 章　语言文化

韩国语作为全世界五千多种语言之一，主要被韩国和朝鲜作为母语使用。朝鲜民族是单一民族，韩国语也是朝鲜半岛唯一使用的语言。朝鲜半岛被中、日、俄等大国包围，在漫长的历史发展过程中，其语言也不由自主地受到周边大国的影响。语言传播带动了文化的传播，从韩国语的文字、词汇，到韩国语的表达方式，我们可以窥见语言和文化的融合与贯通。在这一章里，我们将从韩国文字的创制、现代韩国语中的文化要素方面探讨韩国的语言文化。

一、韩国文字的创制

关于古代韩国语的考证，可参考的史料极度匮乏，直到公元前后，在中国的《三国志》中才找到一些相关记载。当时在朝鲜半岛，北方有夫馀、高句丽、沃沮、濊等语言存在，南方有马韩、辰韩、弁韩被称为三韩的语言存在，但是直到 15 世纪，韩国都没有记录韩国语的本国文字。

（一）汉字的使用

15 世纪之前，韩国没有本国文字。在古代，东亚唯一存在的文字就是中国的汉字。

当时随着中国与周边国家之间的相互交流，作为汉文化载体的汉字也随之传入周边诸国，在东亚的这些国家中，汉字最先传到韩国。

在古代韩国，随着国家事务的繁杂，统治阶层对文字记录的需求日益增加，汉字本来是汉语的记录符号，而作为表意文字的汉语和作为表音文字的韩国语属于不同语种。随着汉文化的传播，中国汉字逐渐被地理位置和人文环境比较接近的韩国接受，并作为文字记录的手段广泛使用。据史料记载，在韩国古代的三国时期就有借用汉字书写的记录，如百济在375年编撰了《书记》，新罗在545年编撰了《国史》。韩国借用汉字书写的发展历程如下。

韩国人最初使用汉字来书写一些诸如人名或地名的固有名词。众所周知，汉字以单音节字为主，汉字最初的造字基本遵循一个字符一个音节的原则，同时一个汉字对应一个意思，也就是汉字基本是“一字符一音节一字意”，这在一定程度上减少了韩国人学习汉字的难度。在韩国，随着传入汉字数量的增多和对汉字熟悉程度的增加，古代韩国人开始考虑如何使用汉字来书写本国的语言，特别是人名、地名等固有名词被书写出来让人识别的需求最强烈，所以出现了用汉字书写人名、地名的情况。这种借用汉字书写韩国语的方法被称为“汉字借用表记法”。

最初的“汉字借用表记法”是采取什么样的方式进行的呢？首先，中国的每个汉字既代表一个意思，又代表一个发音。韩国语是表音文字，所以最初使用汉字书写韩国语时采取的是“丢其意，取其音”的方法，即在使用汉字进行韩国语固有词汇的书写时不考虑汉字代表的具体意思，只借助汉字的发音，如《三国遗事》中对当时的“赫居世王”做注释时说：“盖乡言也，或做弗矩内王，言光明理事也”，这里的“弗矩内”就是借用了这三个汉字的发音。这种只借助汉字发音的韩国语表记法在韩国语言史上被称为“音读表记法”，这种借字方法和汉字六种造字原理中的“假借”原理相通。诸如此类的还有《三国遗事》中对当时的高僧元晓的记载“元晓亦是方言，当时人皆以乡言称之，始旦也”，这里的“元晓”即是“始旦”的音读表记，和汉语中音译外来词的方法是一样的，像“india”的翻译，据《大唐西域记》中记载“印度者，唐言月”，印度国名本来源于梵文“sindhu”，其波斯语为“hindu”，意为“月”，起初在汉语中翻译为“身毒”“天竺”，后来随着其发音弱化为“indu”，故改其称呼为“印度”。

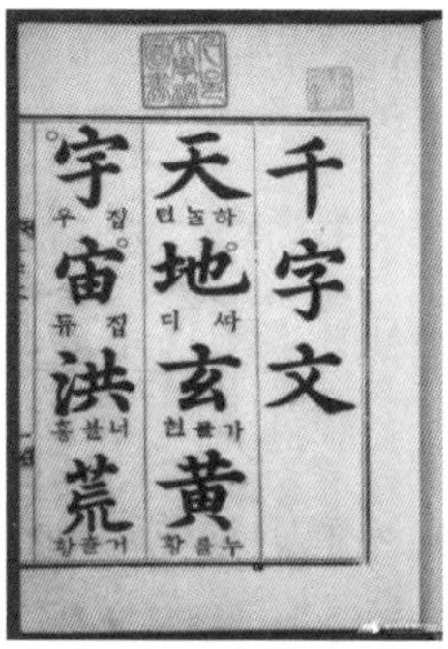

《千字文》
천자문

除了上述只借助汉字发音的“音读表记法”之外，古代韩国语中还有一种只借用汉字意思，不考虑汉字发音的“训读表记法”。例如在三国时期新罗语中的“水”字只表示“水”这个单词的意思，和其发音没有任何关系。关于“水”字的用法，在三国时期的地名中也有相关记载，“買忽一云水城”中“水城”这

一地名即采取假借汉字意思的方法。有些地名同时采取了“音读”和“训读”两种表记法，如上面的“買忽一云水城”这一例子中“買忽”就是借用汉字“水城”的发音的意思。从合理性上来看，这种同时采取两种方式的汉字假借方法书写韩国语更加合理，通过两种方法的结合，既表示出了所标注单词的发音，也表示出了其代表的具体意思。后来注解中国南北朝时期周兴嗣编纂的《千字文》时，亦传承了同时标注出每个汉字发音和意思的“音读”“训读”法，如对“天地玄黄”中“天”字注解时采取了“天하늘텬”的形式，即“하늘”表示“天”字的意思，“텬”表示“天”字的发音。在韩国，《千字文》作为韩国人学习汉字的入门书籍被广泛使用。

在尝试了人名、地名等专有名词使用汉字进行书写后，古代韩国人从 5 世纪时开始把这一方法由词汇逐渐扩展到整个句子，具体方式有“吏读”“口诀”和“乡札”。

“吏读”又被称为“吏道”“吏书”，使用“吏读”方式记录韩国语句子时，采取的具体方式是先把句子结构按照韩国语的“主语 + 宾语 + 谓语”的语序进行排列后，使用汉字标示出韩国语中特有的助词（加在名词后）和词尾（加在动词、形容词后）。换句话说，“吏读”就是按照韩国语的语序特点将汉字排列出来的一种特殊文字表达方式。和韩国语不同，汉语的基本语序是“主语 + 谓语 + 宾语”。此外，汉语属于独立语，构成句子时各部分的语法关系通过单词的位置顺序体现，而韩国语属于黏着语，构成句子时各部分的语法关系通过表示语法关系的助词和词尾体现，这些助词和词尾须加在实词后面。因此，使用汉字书写韩国语时，不仅要考虑两种语言语序上的不同，还要考虑如何用汉字标示韩国语语法关系的助词和词尾。758 年的“葛项寺造塔记”是使用“吏读”方式进行记录的典型示例。

二塔天寶十七年戊戌中立在之
娚姊妹三人業以成在之

上面两句的意思是“这两座塔是在天宝十七年戊戌时建立的，是用兄妹三人的功业建成的”。上句的“中”字对应助词“-에”，表示时间；“在之”对应复合词尾“-겨지”，表示终结和尊敬；下句的“以”对应“-（으）로”，表示手段、工具、方法。

“吏读”最初在吏官之间广为使用，主要用于官方文书的书写。“吏读”直到 20 世纪初才退出历史舞台，它的使用时间之久，与统治阶层使用汉文进行文化生活密切相关。

除此之外，“吏读”亦是中国古文书的翻译注释手段，其典型示例是用“吏读”方式注解中国明朝时期的《大明律》，《大明律集解》在高丽末朝鲜建国初期传到韩国，太祖李成桂登基后，用“吏读”的方式注解了整部典籍。这部法典作为法籍的典范影响了朝鲜半岛五百年之久。

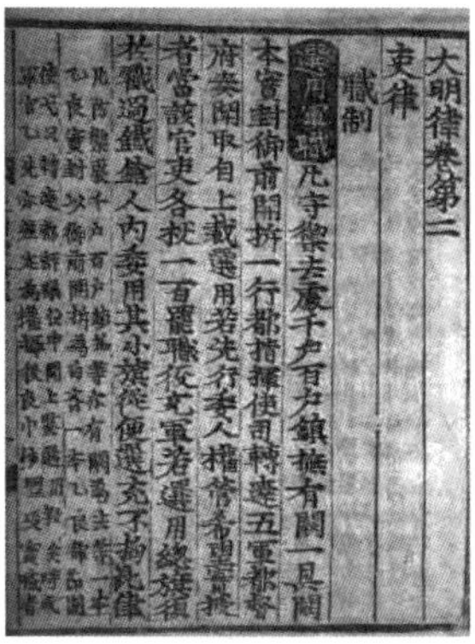
大明律卷第二
吏律
職制

《大明律直解》
대명률직해

其嫡妻年五十以上無子者《大明律》

其嫡妻亦年五十已上弋只無後爲去等《大明律直解》

上述《大明律直解》中的“其嫡妻年五十以上無子者”根据韩国语的特点用“吏读”方式注解后变成“其嫡妻亦年五十已上弋只無後爲去等”，注解后的“吏读”文中的“亦”“弋只”对应韩国语主格助词“- 이 / 가”，“爲去等”对应韩国语终结词尾“- 거든”，“为”对应韩国语动词词缀“하다”。

除了这种主要用在官方的“吏读”方式之外，还有“口诀”和“乡札”两种方式。

首先，“口诀”是指在汉文原文上，根据句子结构插入韩国语助词和词尾。下面是来自《童蒙先习》中“口诀”的典型示例。

天地之間萬物之衆厓 唯人伊 最貴爲尼

上句中，“厓”对应格助词“- 에”，表示地点；“伊”对应格助词“- 이”，表示主语；“爲”对应形容词词缀“하다”；“尼”对应连接词尾“-(으) 니”，表示根据、理由。和前面介绍的“吏读”的不同之处在于，“口诀”采取的是在汉文原文的基础上，插入一些表示助词和词尾的汉字。

这种类似给汉文添加注释形式的“口诀”方式一直使用到朝鲜时代，极大地方便了韩国人阅读和理解汉文书籍。“口诀”也分“音读口诀”和“训读口诀”两种，简单来看上面所举示例中的“厓”“伊”“尼”等就是借用汉语发音进行书写的“音读口诀”，而“爲”就是借用其意思进行书写的“训读口诀”。随着“口诀”的不断发展，这些表示韩国语助词和词尾的汉字逐渐被简化，甚至简化到原来汉字的一两划，这也是语言发展过程中的一大尝试和进步。

“乡札”的使用原理和“吏读”“口诀”区别甚微，主要是韩语中名词、动词等实词采取借用汉字意思的“训读”方式；助词、词尾等虚词采取借用汉字发音的“音读”方式。现存流传下来的有关“乡札”的资料主要集中在新罗时期被称为“乡歌”的文学体裁上。下面是《三国遗事》中记载的“乡歌”代表作品“处荣歌”。

東京明期月良夜入伊遊行如可

上句的意思是说“在东京（疑是当时“首尔”的称呼）明亮的月亮下,夜里游玩”。句子里的“東京”“明”“月”“夜”“入”“游行”等实词都是借用汉字的意思进行表达，“期”“良”“伊”“如可”等表示句法关系的虚词则采取了借用汉字发音的形式，即韩国语句子中“实词 + 虚词”采取的借字表记方式是“训读 + 音读”，这是当时“借字表记法”的基本原则。“乡札”表记法由于其表达体系的复杂性，同时又不能完全满足韩国语的表达需求，故持续到高丽初期便逐渐消失。

上述三种借用汉字表示韩国语的借字表记法，在当时没有自创文字的情况下是一种积极尝试,韩国语实词借用汉字的意思表示,助词和词尾等虚词借用汉字的发音表示，借用表意文字的汉字来书写表音文字的韩国语，特别是汉文中没有的助词、词尾部分，通过汉字的“表音化”方式处理,充分体现了韩国语作为表音文字的特性，这一方式也具有充分的合理性。不过这些表达方式终究满足不了韩国语文字表达的需求，有一定的局限性。

首先，汉语音韵体系和韩国语音韵体系不同，因此使用汉字表示韩国语固有助词和词尾时，会出现使用一个汉字无法充分表达出韩国语固有词音节的问题。在后来的“口诀”“吏读”“乡扎”表记方式中也用过把韩国语的一个音节分解成两个小音节，从而使用两个汉字进行书写的方法，不过这种方法带有恣意性，缺少一贯性和体系性。

其次,借用汉字意思使用“训读”方式标记韩国语实词时,可以知道汉字表达的意思,但是从汉字中正确还原出原本韩国语的发音就有一定难度，同时较难判断所对应韩国语词汇原本的形态，因此会出现难以区分多义词、近义词等情况。

再次，“借字表记法”没有形成统一体系。这种表记方式是经历漫长岁月形成的一种“习惯”，无法找到一种始终一贯的表记原则。上面所谈到的把一个助词或词尾的音节分成两部分，使用两个或两个以上的汉字进行的牵强表达缺乏系统性。同时，实词采取借用汉字意思的“训读”法和助词、词尾等虚词采取借用汉字发音的“音读”法并未得到真正贯彻，随处可见本该“训读”的地方使用“音读”，本该“音读”的地方使用“训读”。此外，同一韩国语发音使用不同汉字进行书写或者同一个汉字被读成几种发音的情况时有发生。这些都表明“借字表记法”没有形成一个完整系统的表记原理。

除此之外，还有一种是把汉字和韩国语中的每个音节一一对应起来进行书写的方法，日本也经历过借用汉字进行文字生活的时代，日本的“假名”就是采取这一方式。与日语不同，韩国语中的音节种类繁多、数量庞大，所以此方式无法应用于韩国语中。在上面的“借字表记法”中，亦曾使用把韩国语的音节再细分成更小字素进行书写的方法，但是一个音节如何分，具体分到何种程度，这在当时“借字表记法”还没形成完整体系的情况下，实施起来比较困难。

（二）韩文的创制

尝试借用汉字进行书写后，古代韩国人逐渐感觉到这一表记法无法满足韩国语表达的需要，于是，新的尝试出现了。到了朝鲜时代，熟知中国音韵体系的朝鲜王朝第四代君王——世宗大王利用个人的博学和权力，创制了一套既科学又具有独创性的韩国文字——韩文。

世宗大王创制韩文和作为朝鲜建国理念的儒家思想密不可分。儒教在朝鲜王朝之前已传到朝鲜半岛。在中国，儒教哲学高度发展到宋朝时形成了宋学，宋学的基本理念是用哲学和心理学解释儒学的“形而上”理论，宋学在探讨宇宙的原理、人类的本性以及“理”和“气”方面，参照并进一步发展了“太极说”。

“太极说”起源于宋朝的周敦颐（1017-1072），其创制的“太极图”和“太极图说”中说道：“无极而太极。太极动而生阳，动极而静，静而生阴，静极复动。一动一静，互为其根。分阴分阳，两仪立焉。阳变阴合，而生水火木金土。五气顺布，四时行焉。五行一阴阳也，阴阳一太极也，太极本无极也。五行之生也，各一其性。无极之真，二五之精，妙合而凝。乾道成男，坤道成女。二气交感，化生万物。万物生生，而变化无穷焉。”这里强调万物之本为太极，太极动静之中生出阴阳，阴阳之中又生出五行。以此说为根据，宋朝儒学者开始探讨宇宙的根本和人性的本质，并进一步发展相关哲学理论，以邵雍为代表的学者们开始研究人类的声音。至此，单独发展而来的声韵学和太极阴阳五行说紧密结合在了一起。

到了朝鲜初期，朝鲜学者特别崇尚中国宋朝的“程朱学”，当时被研究较多的是宋朝时期程颐的《易传》和朱熹的《四书集注》。当时明朝极度崇尚宋学的永乐帝命令编撰了《四书大全》《五经大全》《性理大全》，这些作为官僚们的必读书籍，拥有强大的社会统招力量。当时的思想界都是以朱子学为统治纲领，这些书籍也被传入朝鲜。随着这些书籍的传播，书籍中包含的朱子学思想也一起传入朝鲜，其中占据分量最大的《性理大全》在世宗即位三年后的1419年传入朝鲜。据《世宗实录》记载，世宗元年

12 月 7 日，作为谢恩使的静宁君从中国北京回到朝鲜时，带回了永乐皇帝特赐的《新修性理大全》。这本囊括了宋朝时期众多学者学说的《性理大全》成功引起了一向好学的世宗大王的兴趣，世宗大王不仅自己仔细学习，还命令当时朝鲜集贤殿的学者们仔细研究此书，因此收录在《性理大全》中的有关太极图、太极图说、皇极经世说、易学启蒙等理论得到了深度研究。

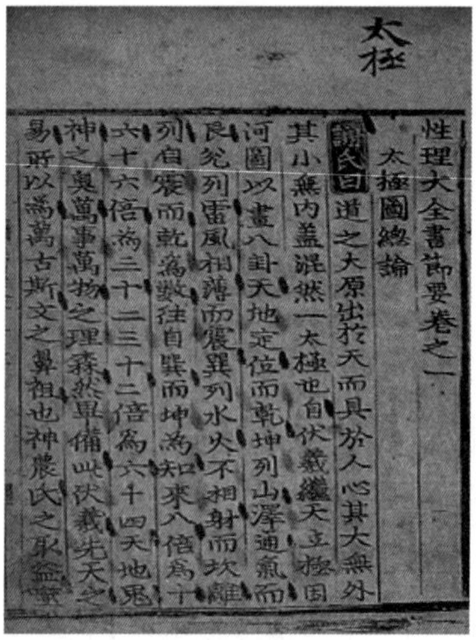
太極

性理大全書節要卷之一

太極圖總論

讀氏曰道之大原出於天而具於人心其大無外其小無內蓋渾然一太極也自伏羲繼天立極固河圖以畫八卦天地定位而乾坤列山澤通氣而艮兑列雷風相薄而震巽列水火不相射而坎離列自震而乾爲數往自巽而坤爲知來八倍爲十六十六倍爲三十二三十二倍爲六十四天地鬼神之奧萬事萬物之理森然畢備此伏羲先天之易所以爲萬古斯文之鼻祖也神農氏之取益噬

《性理大全 卷一》
성리대전

细看韩文创制当时的文献，基础理论大部分都来源于收录在《性理大全》开头部分的周敦颐的理论，关于声韵方面的理论大部分参考的是邵雍的《皇极经世说》和学者们对此所做的注释。这些充分说明韩文最初创制时，其语言观的形成受《性理大全》的影响之大、之深。

韩文创制当时，关于声韵学的理论主张基本来自《皇极经世说》，这和朝鲜学者们对邵雍学问的研究息息相关。邵雍作为性理学者，对人的声音有极大兴趣，并尝试用“易数”理论解释人的声音。他摆脱了传统“切韵”韵书理论和研究态度，创制了正确体现 12 世纪宋朝首都——开封现实音的音韵图——“皇极经世唱和图”，此音韵图被其师弟蔡元定简略化并整理后，以“十声十二音唱和图”为标题收录在《性理大全》第 8 卷，同时附有学者们对此所做的注解。仔细研读《性理大全》的世宗大王和集贤殿学者们自然不会放过这一内容，在当时的很多朝鲜文献中，邵雍的这一理论都得到了应用。下面详细了解一下韩文的具体创制过程。

对于韩文的创制，最初颁布的文书叫“训民正音”。在“训民正音”开头的序中对这套文字创制的目的和总体情况做了简单介绍，序中写道 :“国之语音，异乎中国，与文字不相流通，故愚民有所欲言而终不得申其情者多矣，予为此悯然，新制二十八字，欲使人人易习便于日用矣”。从中可以看出，韩文创制的初衷考虑到了当时语言文字不一致的情况，即当时的韩国语口语和借助汉字表达的书面语不一致，所以没有条件学习汉文的普通老百姓的文字生活受到极大限制。因此世宗大王新创制了 28 个基本韩文字母，以方便百姓学习和日常使用。

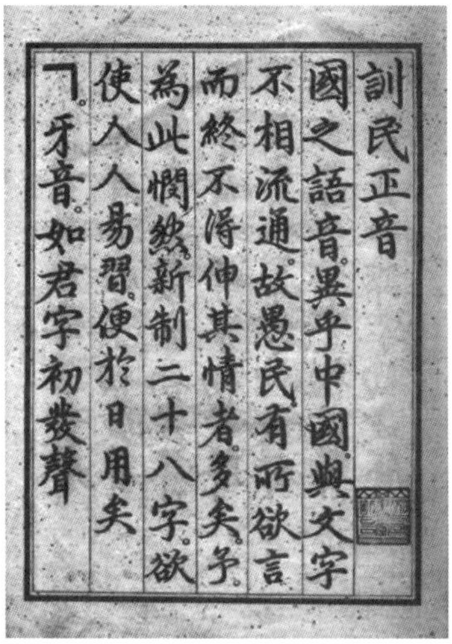
訓民正音
國之語音異乎中國與文字
不相流通故愚民有所欲言
而終不得伸其情者多矣予
爲此憫然新制二十八字欲
使人人易習便於日用矣
ㄱ牙音如君字初發聲

《训民正音》
훈민정음

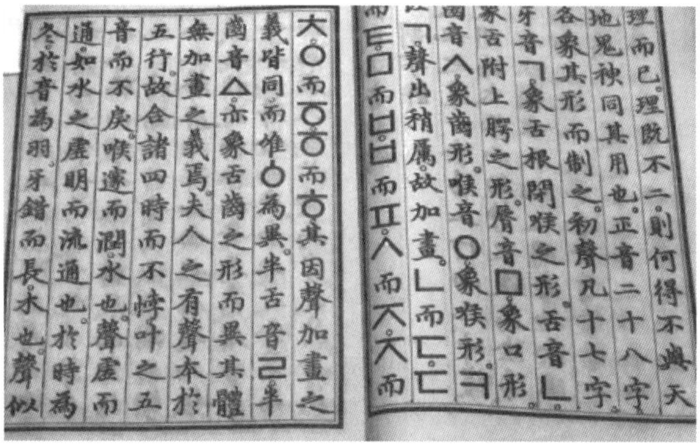

《训民正音二十八字解》
훈민정음 28 자모

在新创制的这套韩文字母体系中，对 28 个字母的具体发音进行解释时借助了现有汉字，如“ㄱ, 牙音，如君字初发声”，是指新创制的辅音字母“ㄱ”，其发音相当于汉字“君”字的声母部分；“ㅣ，如侵字中声”，是指元音字母“ㅣ”的发音相当于汉字“侵”字的韵母部分。在新创制的韩文中，有个独创之处就是除了辅音和元音之外，还创制了作为音节收音的“终声”，即有些音节采取了“初声 + 中声 + 终声”三分法，且没有再单独创制表示终声的字母，而是采取了“终声复用初声”的办法，这在一定程度上减少了新创字母的复杂性。

在这套被称为“训民正音”的新文字于 1443 年正式创制之后，世宗大王还组织集贤殿的学者们对这套文字的创制原理和整体体系进行了非常细致地讲解。随之于 1446 年颁布了相应的《训民正音解例本》，这本书在被正式颁布之前，韩国学者们对新文字的创制原理进行了各种推测，有的学者主张这套文字是方块文字，因为它和古代朝鲜木制门窗中的小方块很相似。这也从另一个侧面说明这套新创制文字的朴实易学性。

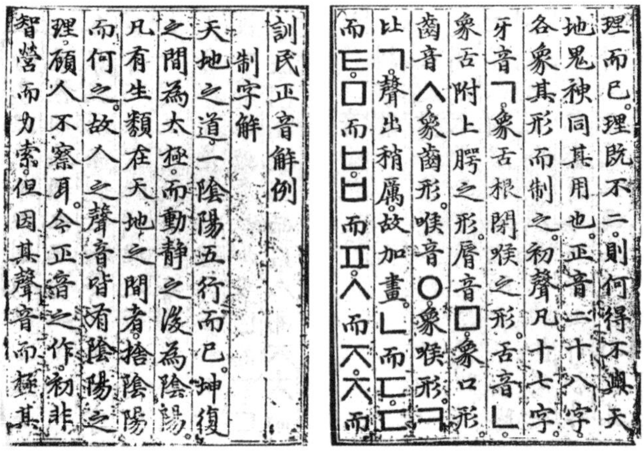

訓民正音解例

制字解

天地之道一陰陽五行而已坤復
之間爲太極而動靜之後爲陰陽
凡有生類在天地之間者捨陰陽
而何之故人之聲音皆有陰陽之
理顧人不察耳今正音之作初非
智營而力索但因其聲音而極其

理而已理旣不二則何得不與天
地鬼神同其用也正音二十八字
各象其形而制之初聲凡十七字
牙音ㄱ象舌根閉喉之形舌音ㄴ
象舌附上腭之形脣音ㅁ象口形
齒音ㅅ象齒形喉音ㅇ象喉形ㅋ
比ㄱ聲出稍厲故加畫ㄴ而ㄷㄷ而
ㅌㅁ而ㅂㅂ而ㅍㅅ而ㅈㅈ而ㅊㅊ而

《训民正音 解例本》

훈민정음 해례본

在《训民正音解例本》的开篇，提到“天地之道，阴阳五行而已。坤复之间为太极，而动静之后为阴阳。凡有生类在天地之间者，舍阴阳而何之。顾人之声音皆有阴阳之理……今正音之作，初非智营而力索，但因其声音而极其理而已。”从这一段可以看出“训民正音”这套文字的创制原理之一就是中国古代太极阴阳五行理论。

阴阳五行理论来源于中国，是中国朴素的唯物论和自发的辩证法思想，这一理论主张世界是由物质构成的，物质世界在阴阳两种气的作用下滋生、发展和变化，同时认为最基本的五种物质是金、木、水、火、土，这五种物质是构成世界必不可缺的元素。它们相生相克，并一直处于不断运动与变化的过程之中。在中国传统文化里，阴阳五行理论影响久远，是中国传统哲学的重要组成部分。阴阳五行学说作为古代中国人认识世界的方法之一，对古代天文学、气象学、算学、化学、音乐以及医学等学科的发展都有着深远影响。

中国的阴阳五行理论随着儒家文化的传播也传到了韩国，在高丽末期朝鲜初期，儒家哲学中的宋学（程朱学）传入韩国并被韩国学者们广泛研究。从韩国文字最初被创制时的《训民正音制字解》中可以看出，在韩国文字的创制过程中，宋学理论自始至终贯穿其中。朝鲜时代传入韩国的宋学主要从哲学和心理学两个角度阐述儒学的形而上理论，探讨宇宙的原理、人类的本性以及所谓的“理”和“气”，当时朝鲜的学者对易经理论有所研究，并在其基础上形成了“太极说”理论，此理论在后来韩国文字创制过程中成为其基本指导理论。

据朝鲜时代史料记载，当时占朝鲜社会主宰地位的哲学思想——宋学——认为太极是万物的本源，根据太极的静止或移动产生了阳和阴两大原理。在阴阳的配合下，金木水火土五行出现，之后在阴阳二气以及五行的共同作用下，产生了男女之分，之后衍生出世界万物。朝鲜时代韩国文字的创制极大程度地遵循并反映了这一原理。

具体来看，首先在韩文元音字母的创制上，充分反映出了中国阴阳五行理论中的“阴阳”原理。韩文字母最初被创制时共创制了 11 个元音，其中最基本的三个元音字母是根据“象形”原理，通过模仿构成大自然的三大基本元素“天、地、人”的形状创制而成。对于这三个基本元音字母，《训民正音解例本》的“制字解”中记录道：“·舌缩而声深，天开于子也，形之圆，象乎于天也，一舌小缩而声不深不浅，地开于丑也，形之平，象乎地也，ㅣ舌不缩而声深，人生于人也，形之立，象乎人也。”具体解释的话就是说，这其中“·”是“形之圆象乎天”，即“·”是把圆形的天空抽象描写成一个点；“一”是“形之平象乎地”，即“一”是把平形的大地抽象描写成一条横线，“ㅣ”是‘形之立象乎人’，即“ㅣ”是把直立的人抽象描写成一条竖线。在这三个基本元音字母的基础上，又根据阴阳交合原理分别创制出了其他元音字母。对此，《训民正音解例本》中有记载说：“取象于天地人而三才之道矣，然三才为万物之先，而天又为三才之始，犹“·一ㅣ”三字为八声之首，而“·”又为三字之冠也……一开一合，ㅗ与·同而口蹙，其形则·与一合而成，取天地初交之意也，ㅏ与·同而口张，其形则ㅣ与·合而成，取天地之用于事物待人而成也，ㅜ与一同而口蹙，其形则一与·合而成，亦取天地初交之意也，ㅓ与一同而口张，其形则·与ㅣ合而成。”

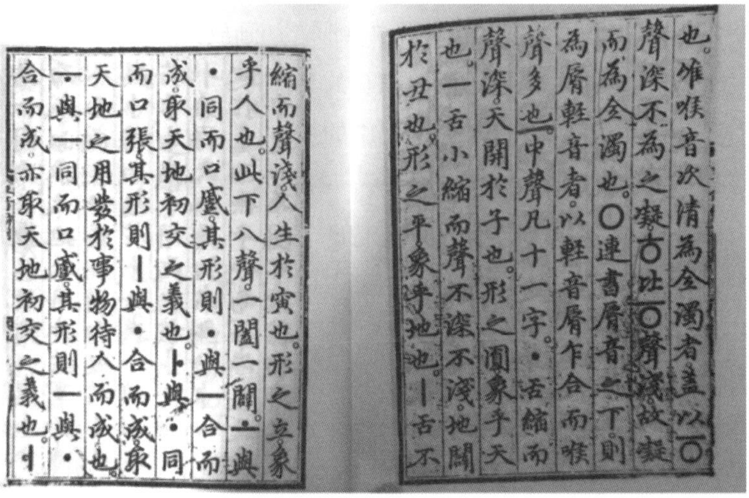
也。唯喉音次清爲全濁者盖以ㆆ
聲深不爲之凝ㅎ比ㆆ聲淺故凝
而爲全濁也。ㅇ連書脣音之下則
爲脣輕音者以輕音脣乍合而喉
聲多也。中聲凡十一字。·舌縮而
聲深天開於子也。形之圓象乎天
也。ㅡ舌小縮而聲不深不淺地闢
於丑也。形之平象乎地也。ㅣ舌不
縮而聲淺人生於寅也。形之立象
乎人也。此下八聲一闔一闢。ㅗ與
·同而口蹙其形則·與ㅡ合而
成取天地初交之義也。ㅏ與·同
而口張其形則ㅣ與·合而成取
天地之用發於事物待人而成也。
ㅜ與ㅡ同而口蹙其形則ㅡ與·
合而成亦取天地初交之義也。ㅓ

《训民正音 解例本》

훈민정음 해례본

“ㅗ，ㅜ，ㅏ，ㅓ”四个字母中，“ㅗ，ㅜ”由象征天（太阳）的圆和地的横线组合而成，这体现了太阳从大地上面升起、下面降落的基本原理。从发音上来看，表现太阳升起的“ㅗ”，其发音洪亮而温暖；与此相反，表现太阳降落的“ㅜ”发音低沉而冷淡。“ㅏ，ㅓ”则由象征天（太阳）的圆和人的竖线组合而成，体现了太阳从人的右边（东边）升起、左边（西边）降落的“一深一浅，一开一闭，阴阳分而五行之气具”的阴阳五行原理，其发音也是有“洪亮”和“低沉”之分。元音字母的这种“象形之法”不是模仿“天地人”的本来形状，而是把“天地人”的形象抽象化后又符号化，因此也有学者指出这种造字法更接近汉字六书中的“指事”。如果不考虑韩文中“文字——声音”的对应关系，只考虑文字形状的创制，确实运用了汉字六书中的“象形之法”。

韩文中的辅音字母是通过模仿发音器官的模样，按照“牙音、舌音、唇音、齿音、喉音”等中国传统音韵的五种声音“五行原理”分类，根据“基本字——加划字”的顺序依次创制而成。当时创制的辅音字母共有17个，首先按照“牙、舌、唇、齿、喉”划分，分别模仿各自对应的发音器官形状创制出“ㄱ、ㄴ、ㅁ、ㅅ、ㅇ”5个基本字母，具体来看，在《训民正音制字解》中提道：“初声十七字牙音‘ㄱ’像舌根闭喉之形，舌音‘ㄴ’像舌附上颚之行，唇音‘ㅁ’像口形，齿音‘ㅅ’像齿形，喉音‘ㅇ’像喉形。”即牙音“ㄱ”模仿发此音时舌根堵住喉咙的样子，舌音“ㄴ”模仿发此音时舌尖贴在口腔上颚的样子，唇音“ㅁ”模仿嘴略张的样子，齿音“ㅅ”模仿牙齿的形状，喉音“ㅇ”模仿喉咙的形状创制而成。如此一来，韩文字母的发音和形状吻合，从而方便普通百姓进行学习和掌握，实现了这套文字的初衷——为黎民——而创制。韩文里的“象形造字法”受古代汉字造字法中“象形”的影响，不同的是，许慎的《说文解字·叙》中指出汉字这里的“象形”指“象形者，画成其物，随体诘诎，日月是也”，也就是说六书中的“象形”是模仿所要描写的具体事物的形状，这样制造出的汉字符号代表所对应事物的意思、意义。而韩文中的“象形”指的是像字母发音时其发音器官的形状，这样造出的韩文字母代表所对应字母的发音。总结来说，汉字六书的“象形”展示的是“文字——意义”的对应，韩文中的“象形”展示“文字——声音”的对应。其他辅音字母则是在5个基本字母的基础上，通过“加笔画”创制出来，在字形上比基本字母多一画，在发音上规定“加笔画而声稍厉”，这样的造字法可以说更接近汉字六书中的“指事”原理。

上述五组辅音字母的形状和发音又与“金木水火土”五行原理紧密相扣，如牙音是从嚼齿中发出的，嚼齿又壮又长，相当于五行中的“木”；舌音是舌附上颚发出的，舌较尖且移动频繁，相当于五行中的“火”；唇音是从双唇间发出的音，唇虽有棱角但是唇需闭合成音，相当于五行中的“土”；齿音是从牙齿间发出的音，牙齿坚硬且能切断东西，相当于五行中的“金”；喉音是从喉咙发出的音，喉咙一直处于湿润状态，相当于五行中的“水”。

韩国语的音节是由辅音和元音组合而成，这亦体现了“动静互根阴阳交变，五行”的原理。它有由一个辅音和一个元音组成的“二分节”音节。也有由三个字母组成的“三分节”音节。在“三分节”音节中,处在最下面位置的终声字母是根据“其动而阳者乾,其静而阴者乾”的天地阴阳原理创制而成,亦是根据“一元之气,周流不穷,四时之运,循环无端”原理采取了“终声复用初声”的办法。

二、现代韩国语中的语言文化

在上述章节的叙述中，我们了解到在韩国文字发展过程中，汉文化对韩国语的影响一直存在，这其中最主要的是中国儒教的影响。朝鲜王朝在五百多年的统治期间，一直把儒教作为基本的治国理念，因此朝鲜王朝是名副其实的儒教国家。当代韩国，儒教虽然已经丧失了其作为国家统治理念的绝对权威，但是在韩国人的价值观念、思考方式、衣食住行等方方面面，儒家思想的渗入依然随处可见。

文化与语言密不可分，学习语言的同时亦要学习文化，语言是文化的载体，同时也是继承和发展文化的工具，语言在其传播过程中会自然地带动文化传播。朝鲜时代的儒教和儒学信仰文化对韩国语语言也有着直接的影响，这种影响一直延续到今天的韩国语语言中。

（一）韩国语敬语

与汉语相比，韩国语最大的特点是其丰富的敬语体系。说韩国语时，要根据场合和说话对象，采用不同的敬语形式，这与儒家讲的“仁”与“孝”有很大关系。儒家强调“亲亲而仁民，仁民而爱物”，这一点在当代韩国最好的传承便是韩国人的“孝”思想和“礼仪”文化。

韩国自古就有“东方礼仪之邦”的美誉，韩国人对自己的祖先和长辈非常尊敬，例如在今天的韩国，“祭祀”这一传统文化仍然被较好地传承。韩国词典上对“祭祀”一词的解释是“신령(神靈) 또는 죽은 사람의 넋에게 음식(飮食)을 차려 놓고 정성(精誠)을 표(表)하는 예절(禮節)”，即为神灵或逝者的灵魂供奉食物，以表达诚意的一种礼节。在普通韩国人家庭里，每到春节、中秋或者是逝者的忌日，全家都会聚集在长子家里举行隆重的祭祀仪式。所以在韩国每到这种节日，就有“民族大移动”之说，即城里的人要回老家墓地祭祀祖先。韩国人不仅尊敬自己的祖先，对家里的长辈亦是十分孝顺。比如父母出去或从外边回家时，家里的子女都要到门前问好；吃饭时也要等长辈先动筷子；睡前要向长辈问安等。

除了尊敬自己的长辈，韩国人对其他人也保持着很好的礼仪规矩。反映在韩国语语言上最基本的就是韩国语中“打招呼”的方式。

韩国人打招呼根据对象不同,常用的表示“你好”的招呼语有三种,即“안녕!”“안녕하세요?”“안녕하십니까?”。这里的“안녕!”是长辈对晚辈使用的招呼语，也可以用在关系亲密的朋友之间，属于非敬语体。“안녕하세요?”属于口语中常用的敬语体，主要用在关系对等或者需要对对方表示尊敬的非正式场合里。“안녕하십니까?”是韩国语中最高敬称的招呼语，主要用在比较正式的场合，如大型聚会、活动、新闻广播播报时的问候等。这三种打招呼的方式中，“안녕하세요?”使用得最多。即使话者和听者的年龄差距很大，但是听者是成人的情况下，打招呼也要使用表示尊敬的“안녕하세요?”，这是长者对成年晚辈保持的一种礼仪。在韩国，只要听者是成人，都需要使用尊敬语体进行对话,这是对成年人的一种尊重。因此,在韩国这个秩序严明的国家，对人保持礼仪，对不同的对象选择不同的语体显得尤其重要。

韩国语的敬语体与其他任何一种语言相比，都要复杂和发达。根据时间的不同、空间的不同、语言环境的不同以及听话人的不同等，韩国语使用的语言表达方式都有严格的区分。根据敬语的实现手段分类，韩国语的敬语主要通过助词、词尾和个别特殊词汇三种方式来实现。

首先，可以通过助词实现韩国语敬语表达方式。我们知道，韩国语作为黏着语，名词在句中担当的语法成分要通过结合名词后的助词来实现。即某一名词是韩国语句子中的主语时要在这个名词后加上表示主语的主格助词。韩国语中的主格助词是“-이/가”,不过，当主语是需要被尊敬的对象时，要把“-이/가”换成“-께서”。

철수가 이 일을 했습니다.（哲洙做了这件事）
할아버지께서 이 일을 하셨습니다.（爷爷做了这件事）

上面的例子中,当句子的主语由“哲洙”变成“爷爷”时,主格助词也相应地由“-가”变成了“-께서”，这就是通过使用表示尊敬的助词，从而实现对爷爷的尊敬。不只对“爷爷”辈分的长辈这样，对自己的父母、老师或者是上级等，只要是需要尊敬的人都应执行这一规则。

除此之外，韩国语中表示动作作用对象的格助词“-에게”也有其对应的表示尊敬的助词“-께”。比如，写信时，要先写称呼，韩国语的书写格式是姓名后面要加“…에게”，如“철수에게（致哲洙）”。当收信人是需要尊敬的对象时，要把“…에게”换成“…께”，如“선생님께（致老师）”。

这种通过改变格助词来实现对句子主体尊敬的方式，其数量虽然不多，但是在韩国人日常生活中使用的频率相当高。除了这种方式，韩国语中尊敬体主要是通过添加不同的词尾来实现的。现代韩国语敬语体根据所尊敬主体的不同，可分为主体尊敬法、对象尊敬法和客体尊敬法三种。

首先，我们来看主体尊敬法。韩国语中主体尊敬法是指话者对所说句子的主体表示尊敬。主要实现方式是在尊敬的主体所涉及的动词或形容词后加词尾“-시-”。

선생님께서 어제 급하게 가시었다.（老师昨天急匆匆地走了）

在上面的句子里，句子的主体是老师，是话者需要尊敬的对象，所以在老师这个主体所进行的动作“走（가다）”后面加上了主体尊敬词尾“-시-”，表示话者对老师的尊敬。除了在谓语后面加“-시-”表示对谓语所对应主体尊敬的这种用法外，和主体相关的身体名词作主语时，亦可通过加“-시-”表示对句子主体人物的尊敬。不过，事物后面一般不能加“-시-”。

김 선생님은 손이 부드러우시다.（金老师的手很柔软）

*김 선생님의 스카프가 예쁘시다.（金老师的丝巾很漂亮）

上面的两个句子都是和句子的主体金老师有关，不过第一个句子正确，第二个句子错误。第一个句子中的“-시-”是加在与属于句子主体“金老师”身体一部分的“手”直接相关的“부드럽다（柔软）”后面，表示对句子主体“金老师”的尊敬；而第二个句子的谓语“예쁘다（漂亮）”直接对应的是金老师的丝巾，丝巾属于物品，虽然这个物品属于需要尊敬的对象金老师，但是在形容丝巾漂亮“예쁘다”后面加“-시-”，句子显得很不自然。

如上所述，韩国语的主体尊敬法很好地反映了韩国社会的礼仪文化。近代，随着西方文化的入侵，韩国社会礼仪文化逐渐变弱，不过韩国人在说话时依然要严格遵守礼仪，否则会受到批评和反驳。

传统儒教还讲究天地自然和人之间的协调，人生于天地且随着自然的变化而不断变化生长，人和人之间也要保持一种协调关系，这种协调关系不仅在家庭内部成员之间，在进行社会生活时也有助于人与人交往。在人与人的交往中，儒教强调“三纲五常”原则，“三纲五常”重视的是人与人之间的上下尊卑关系和身份地位。对于三纲，朱熹指出，“三纲者，君为臣纲，父为子纲，夫为妻纲”。按照朱熹的解释，“三纲”之中“父为子纲”是基础，所要求的社会规范是孝敬，这里的孝是指子女对父母的绝对服从。父母有过错，做子女的也只能柔声以谏，不能触怒父母，按照“父子相隐，直在其中”的原则，子女隐瞒父母的罪责和过失符合天理人情。在父母面前，子女唯一明确的是孝敬，社会规范中的是非、善恶的标准都可不予考虑。五常又称“五典”，即五种行为规则，

“仁、义、礼、智、信”，那么仁、义、礼、智、信表现在行为上又是什么呢？朱熹指出，“仁”是“爱人”“人道”的意思；“义”是承担合理责任的意思；“礼”是指道德约束，起到为达到“义”而预防的作用;“智”是指知识，在现代知识经济时代更为需要;“信”是指信任、诚信。仁表现为恻隐之心；义表现为羞恶；礼表现为恭敬；智是明辨之理，其心理表现为是非;信表现为忠信。在朱熹看来，如果人们能真正掌握天理、恪守三纲、拥有“五常”，在生活中，都能有恻隐之心、行恭敬、知羞耻、辨是非、守忠信，社会将会安定和谐。

“三纲五常”（纲常）是中国儒家伦理文化中强调的基本思想，儒教通过三纲五常教化民众，从而维护社会的伦理道德、政治制度，在过去漫长的封建社会中起到了极为重要的作用。儒教的这一理论传到韩国后，直接反映在韩国语言上，即在对话过程中尊敬听者，这种语言上的影响一直保留到现代的韩国语语言中，最直接的体现就是通过加在句子最后的词尾来表示尊敬的对象尊敬法。

对象尊敬法是指在对话过程中，对参与对话的听者表示的尊敬。在现代韩国语中，对象尊敬法大体可分为四个等级——高度尊敬、一般尊敬、一般不尊敬、高度不尊敬，只在口语中经常使用的“해요”体，也有尊敬和不尊敬两种类型，根据话者对听者尊敬的程度选择不同的语体。对象尊敬法一般是通过加在句子末尾的终结词尾实现，现代韩国语中这6种敬语体和作为实现其手段的终结词尾结合起来展示如下。

<韩国语敬语体>

敬语体	“해라”体	“하게”体	“하오”体	“합쇼”体	“해”体	“해요”体
陈述句	-(ㄴ/는)다	네	-오		-아/어/여	-아/어/여요
疑问句	-(느)냐	-(느)ㄴ가	-오	-(ㅂ/습)니까	-아/어/여	-아/어/여요
祈使句	-아/어/여라	-게	-오	-(ㅂ/십)시오	-아/어/여	-아/어/여요
共动句	-자	-세		-(ㅂ/읍)시다	-아/어/여	-아/어/여요
感叹句	-(는)구나	-(는)구먼	-(는)구려		-아/어/여	-아/어/여요

除了上述这六种外，还有一种主要用在杂志或小说等出版物上的“하라”体，因为出版物一般不以特定的人为对象进行叙述，所以不涉及尊敬与否，这种语体是韩国语尊敬语体和不尊敬语体的中和表达语体。

对象敬语法是韩国语敬语法中占比最大、最复杂的一种，这一复杂又严格的敬语法体系很好地展示了韩国社会严格的身份等级现象。韩国语学习者要想熟练掌握韩国语，必须重视句子终结词尾的选择，选择不好可能会引起对方不悦。

除了到目前为止提到的主体尊敬法、对象尊敬法之外，还有一种“客体尊敬法”。

与“主体尊敬法”相对应，“客体尊敬法”是指对句子中的动词或形容词所涉及对象的一种尊敬。在 10 ~ 16 世纪的中世韩国语时期，表示“客体尊敬法”的词尾单独存在过，并且还有 6 种形态，特别是在当时翻译的佛经资料中，有多处涉及以佛祖为对象的句子，都会在句子的动词或形容词后面加一个表示对所涉及对象——佛祖尊敬的词尾。不过在现代韩国语语法体系中，表示“客体尊敬法”的词尾大多都消失了，只留下了诸如前面介绍过的格助词“- 께”、表示“给”的“드리다”和表示“拜见”的“찾아뵙다”等部分动词。如：

이것을 철수에게 주십시오.（请把这个给哲洙）
이것을 어머니께 드리십시오.（请把这个给妈妈）

내일 철수를 만나보겠습니다.（明天去见哲洙）
내일 어머님을 찾아뵙겠습니다.（明天去拜见令堂）

从第一组句子可以看到，表示“给”的动词有“주다”和“드리다”。当“给”的对象是不需要尊敬的“哲洙”时，动词就选择了韩国语中不带有尊敬含义的“주다”，而当“给（드리다）”的对象是“妈妈（어머니）”时，为了表示对“妈妈”的尊敬，句子中动词“给”选择了表示尊敬的“드리다”。

在第二组句子中，根据“见”的对象不同，使用的动词也不同。第一句中“见”的对象是一般人“哲洙”，所以在对应的句子中选择了表示见面的一般词汇“만나보다”。第二句中见的对象是“令堂”，所以动词选择了表示对见面者尊敬的“뵙다（拜见）”一词。

韩国语中有很多这种通过词汇表示尊敬的例子，有些单词“一个意思、两种形式”。其中一种形式是不带有尊敬含义的普通形，一种形式是表示尊敬的尊敬形。具体列表如下。

<韩国语尊敬词汇>

一般形	尊敬形	释义
먹다	잡수시다	吃
자다	주무시다	睡
말하다	말씀하시다	说
보다	뵙다	看 / 拜见
묻다	여쭈다	问

（续表）

一般形	尊敬形	释义
있다	계시다	在
데려가다	모셔가다	带去
죽다	돌아가시다	死 / 去世
아프다	편찮으시다	不舒服
이름	성함	名字
나이	연세	年龄
말	말씀	话
밥	진지	饭
집	댁	家 / 府上
너	당신 , 그대	你 / 您

上述表格中的词汇，从词类上看，有动词、形容词、名词和代词；从内容上看，基本上都是日常寒暄时使用的表示吃喝、姓名或年龄等的词汇。韩国语中表示尊敬的词汇总体数量不多，不过从这些词所表示的内容可以看出，此类词汇使用频率极高，且主要用于家族长辈或初次见面询问姓名年龄的场合。如表示“你”的一般形“너”，主要用于称呼晚辈、下级，或者关系非常亲密的朋友之间；而“당신”一词，主要用于中年夫妇之间略带尊敬的称呼；“그대”主要用于诗歌作品中，称呼所爱恋的人。除此之外，“자네”一般是长辈称呼年轻成年男子时使用。可见，英语的一个“you”对应着韩国语的多个词汇，从中可以看出，韩国语是一种有严格敬语体系的语言，要求森严的身份等级制度。如果选择的词语不当，则会被认为没有礼貌，从而影响听者的心情，最终双方沟通不能正常进行。

韩国语的敬语体系随着时代的变化有所简化，但总体来看还是比其他任何一种语言都要复杂。古代中国在封建儒家思想的熏陶下，人与人之间的地位等级森严，反映在语言上很多词汇有其特定的使用环境，而在现代中国这样的词汇大部分都消失了。不过在现代韩国，语言上的这种敬语体系依然保存完好，成为代表韩国语这门语言的最大特点。

（二）韩国语称呼语

韩国语称呼语体系比较复杂，韩国人初次见面一般先互通年龄。在现代社会，年龄原本作为个人隐私一般不方便直接询问，但是韩国语在语言的选择和使用上需要考虑到双方年龄，一般来说，年长者可以对年幼者使用非尊敬语体，年幼者必须对年长者使用尊敬语体，因此，只有互通年龄后，才能确定双方在交谈过程中各自使用什么样的语言。举例来说，在韩国，大学生之间互相进行自我介绍时，首先都会介绍自己是哪一级的，因为入学年份的先后代表了年龄的长幼。当然，初次见面的人刚开始寒暄时，出于对陌生人的尊敬一般会使用尊敬语，聊天的过程中自然而然会谈到年龄。如果面对的交谈对象是比自己地位高的人，即使对方比自己年轻，出于礼貌也应该使用敬语。

韩国人在争吵时有时亦会把年龄当作利器使用。比如在韩国语中有“머리에 피도 안 마른 게.(乳臭未干的家伙)”“보아하니 내 조카 뻘 밖에 되지 않은데 버르장머리가 없어.(一看就是我侄子辈的，还这么没礼貌)”等俗语，有时候在争吵过程中，争论孰是孰非之前，年幼者可能会首先因为年龄小而被年长者批评。

韩国人严格的“长幼有序”思想反映在称呼语上也有一套严格的体系。首先，韩国语称呼语形态多样，有用于亲人之间的称呼语，有根据社会身份形成的称呼语，还有使用姓和名直接称呼的称呼语，另外还有一些使用感叹词进行称呼的称呼语。具体来看，亲人之间的称呼语首先会按照男方家庭和女方家庭进行区分，如果是母亲那边的亲戚会加上“외(外)”,如“외할아버지(外公)”“외할머니(外婆)”“외삼촌(舅舅)”；如果是父亲那边的亲戚,会直接说“할아버지(爷爷)”“할머니(奶奶)”“삼촌(叔叔)”。这其中蕴含的基本原则是以男性为主，根据男方家人的称呼再定女方家人的称呼。

此处还有一个有趣的现象，在韩国语的家人称呼上，会以“我”为中心按照“촌수(寸数)”来计算血缘关系的远近，从而定下具体称呼。比方说我和父母之间是“一寸”，我和祖父母或外祖父母之间是“二寸”，我和我叔叔或舅舅之间是“三寸”，我和表兄弟或堂兄弟之间是四寸，依次类推，数字越大，关系越远。因为夫妻之间没有血缘关系，所以夫妻之间为“零寸”。但也可以理解为零距离。

韩国语中的这种“寸数”法，从根本上规定了家人之间关系的远近。根据寸数的多少，相互的亲密度和保持礼仪的尺度也有所不同，家人之间通过遵守相互间的礼仪，可以很好地保持家庭的长幼秩序和和睦关系。

这种由严格的“寸数”关系构成的家庭关系图反映出韩国人强烈的“家族主义”和“集团主义”。对自己的家人姑且不用说,韩国人对整个朝鲜民族的那种如同一家的“家族感”和“集团感”也很强烈。有一个明显的现象，在韩国的商店里店员也会像称呼自己家人一样称呼来消费的顾客。如一般对年轻的女顾客会称呼其为“언니(姐姐)”，而且现在这一称呼使用得越来越广，称呼中年女性顾客也会用“언니”。和“언니(姐姐)”相对应，会称呼年轻的男子为“오빠(哥哥)”。

与上面情况类似，近几年在韩国餐厅会称呼服务员为“언니(姐姐)”，对稍微有些年纪的中年女性会叫“이모(姨母)”，这把传统上服务员和食客之间的服务与被服

务的关系拉近为一家人的关系，从而使整个餐厅的用餐气氛显得更加有家庭氛围、更加温馨。

其次，对一般人进行称呼时，会在人名后面加上“씨”。如公司中上司称呼职员名字时，虽然上司的地位更高，但是在职场环境里直呼职员的名字也不好听，所以往往会在职员的名字后面加“씨”,“씨”对应的是我们汉语中的“氏”,如会称呼“김민수（金敏洙）”为“김민수 씨”。还有就是恋人之间也会互相这样称呼，在恋人这种无法分出谁尊谁卑的关系里，为表示对对方的尊重也会选择在名字后面加上“씨”。公共机关称呼来访客户时也不会直呼客户名字,这时常常使用的称呼是在客户的名字后面加上“손님（客人）”一词。还有一种方式，通过在单词后面，加上“님”，表示对对方的尊敬。“님”一般用于两处,一处是在人名后面,如“김철수 님（金哲洙先生）”“이경희 님（李庆熙小姐）”等；另一处是在社会性职位后面，如“교수님（教授）”“원장님（院长）”“사장님（社长）”等。“님”表示的尊敬程度要比上面提到的“씨”更强些。需要注意的是，“님”本身表示了对对方的尊敬，所以使用“님”的句子，其终结语尾都要选择尊敬语体，如下面两个句子。

<u>김 선생님</u>, 어디 가<u>십니까</u>?
<u>김 선생</u>, 어디 <u>가</u>?

上面两个句子表示的意思都是“金老师，你去哪儿？”不过第一句中，在老师（선생）后面加“님”，表示金老师是需要尊敬的对象，此时要选择能表示尊敬的先语末语尾“- 시 -”和尊敬语尾“- ㅂ니까”。而第二个句子中,老师（선생）后面没有加“님”，话者可能是金老师的朋友，所以对应句子的终结语尾用了非尊敬语体的“- 아”。

在家人之间的称呼上，也会用到“님”。夫妻互相称呼对方的父母或其他长辈时，往往会在原来称呼的基础上加上表示尊敬的“님”。如本来称呼自己的父母是“아버지”“어머니”,夫妻双方在称呼对方父母时都会在原来的“아버지”“어머니”后面加“님”，变成“아버님”“어머님”。

总之，韩国语根据辈分和身份确定的称呼语体系反映了中国儒家文化对韩国语语言的影响。除此之外,韩国语中一些特殊词汇也体现了这一点。如韩国语中的“- 연（缘）”字，韩国人就非常重视。关于这个字除了作为家庭关系纽带的“혈연（血缘）”之外，韩国人还常会提到和强调“인연（因缘）”这个词,此外还有“학연（学缘）”“지연（地缘）”等。所谓“학연（学缘）”是指毕业于同一所学校的人之间的连带关系，比方说现在的一些韩国大学生或者研究生毕业找工作时，很多时候靠的是前辈的介绍和引荐，还有个别团体活动里也很重视大家是否毕业于同一所学校。“지연”（地缘）是指出生

于同一地区，俗称“老乡”的地区连带关系。这一点在韩国的政治圈有很明显的体现。参与投票或选举时，大家往往会考虑候选人是不是自己的老乡。

从上述这些“학연（学缘）”“지연（地缘）”的例子中可以看出，韩国人非常注重“集团主义”，这也是儒家文化在韩国语语言上的特殊体现。

（三）韩国语俗语

俗语在韩国语中被称为“속담（俗谈）”。顾名思义，俗语在语言系统里为一般百姓所创造，并在百姓口语中流传，是通俗易懂并广为流传的固定语句。俗语简洁且形象化，多由劳动人民创造，并反映劳动人民的生活经验和期冀。韩国语中的俗语除了有和其他语言互通的俗语性质之外，还有反映韩国民族和韩国文化自身特点的语句。这些带有韩国特色的俗语和朝鲜民族一起经历了悠久的历史沉淀，包含了之前的生活样式和民族情结，同时也体现出了一个国家的诸多文化现象。

首先，韩国语的俗语有很多和中国有关。韩国在过去数千年的时间里，和中国在政治、经济、文化、生活等方方面面都有着密切的交流和往来，所以韩国的俗语里也不免留下不少中国痕迹。

갈수록 태산.（每况愈下）
장안의 화제.（热门话题）
공자 앞에서 문자 쓴다.（班门弄斧）

上述三句俗语中出现了“태산（泰山）”“장안（长安）”“공자（孔子）”等中国的地名或人名。

总之，现代韩国语中较好地保留了历史上传入的外来文化，特别是中国文化、中国儒家思想对韩国语言的影响。因此，在今天的韩国语中，还有很多诸如此类的文化因素可以考查。语言和文化永远不可分，通过研究韩国语语言史，可以不断寻找韩国语漫长发展历史进程中，那些曾经或正在作用着的诸多文化因素，从而更好地掌握这门语言，领会到这门语言背后所承载的丰富文化世界。

第 7 章　朝鲜韩国文学史

一般来讲，朝鲜韩国文学是指生活在朝鲜半岛的作家用母语创作的文学。此外还包括 19 世纪末 20 世纪初移民至中国东北地区的朝鲜人所创作的间岛文学。韩文发明之前，朝鲜文人用汉字进行文学记述的汉文学也在朝鲜韩国文学范畴。这些都是朝鲜民族生活特性的反映与记录，是朝鲜民族精神文化的智慧与结晶。对于在日帝强占期用日文书写的文学作品以及韩裔作家的英语文学创作，朝韩学界一般不把它们视作朝鲜韩国文学。

一、古代文学

（一）口碑文学

韩文虽然只有几百年的历史，但朝鲜民族语言与文学创作的历史却源远流长。漫长的历史时期中，通过口口相传的方式留下了诸多辉煌灿烂的口碑文学作品。朝鲜古代文学由口碑文学和纪实文学所组成。口碑文学是朝韩古代文学的重要组成部分，大致可以分为歌谣、神话、传说、民间故事、童话和寓言这几种类别。古代纪实文学包括新罗时期的乡札文学和用汉字创作的汉文学，以及朝鲜王朝时期用韩文创作的韩文小说。

1. 歌谣

韩国文学界将“歌谣”定义为韩国文学最初的存在形态。其中,《龟旨歌》是韩国现存最早的有据可查的古代歌谣。这首记载于《三国遗事》的歌谣是原始社会众人祭天聚会、唱歌跳舞时一起吟唱的巫谣，具有巫俗性质。原文如下：

구하구하	龟何龟何
수기현야	首其现也
약불현야	若不现也
번작이끽야	燔灼而喫也

原始社会的歌谣通常与原始部落族群的建国神话有关，这也是古代歌谣具有期待神圣生命降临这一巫谣性质的体现。与此同时，古代歌谣作为文学发展的最初形态，不仅包括这种迎神祈福的集体性质的歌谣，还包括抒发个人情感的抒情歌谣。《公无渡河歌》便是其中最具代表性的作品。

공무도하	公无渡河
공경도하	公竟渡河
타하이사	坠河而死
당내공하	将奈公何

歌谣中一位白发醉翁不听妻子劝阻，执意渡河，却在渡河过程中坠河而死。目睹这一切的妻子悲痛欲绝之时，吟唱的歌谣便是这首《公无渡河歌》。歌谣是朝鲜半岛原始社会时期人类朴素情感生活的珍贵记录。

2. 神话

神话是关于神的故事。作为朝韩古代文学中重要的文学体裁，它所书写的是神圣崇高的力量。从主题上看，神话可以分为建国神话和歌颂个人神圣力量的神话。其中建国神话有很多代表性的作品得以保留，包括古朝鲜时期的《檀君神话》、新罗时期的《朴赫居世神话》和伽倻国时期的《金首露王神话》。建国神话又可以根据发生地的不同分为北方神话和南方神话。北方神话雄浑刚劲，南方神话温和细腻，两者风格迥异。北方神话中最具代表性的《檀君神话》讲的是桓因的庶子桓雄与化身为人的熊女结合诞出檀君的故事。南方神话中最具代表性的《朴赫居世神话》则讲的是在蛋中出生的朴赫居世和在水井中出生的阏英结婚的故事。另一部南方神话《金首露王神话》也是以金首露王和夫人许黄玉婚姻故事为中心展开的。

神话按照传承方式的不同，还可以分为口传神话和文献神话。大部分的口传神话是巫师作法时吟唱的巫歌，也被称为巫术神话。文献记载的神话则通过天、地、人、神等要素反映出古代人的生活与观念，因此具有重要的传承意义。《檀君神话》收录在高丽忠烈王时代高僧一然所著的《三国遗事》中，是最知名的文献神话。大致内容如下：天帝桓因庶子桓雄因羡慕人间生活从天庭下凡至太白山来到人间并开创了新时代。桓雄带了 3 000 名神仙来到人间，而且治理了 360 种人间难题。这时，老虎和熊请求桓雄将其化成人形。桓雄要求他们吃下大蒜和艾草并且在不见天日的山洞里待上 100 日。但是老虎没能坚持下来中途从洞里跑了出来，而熊做到了，最终变成了女人。之后熊女与桓雄结婚，并生下檀君。

《朴赫居士神话》在韩国也颇负盛名。相传公元前 69 年，斯卢六部（辰韩 12 个部落之一的新罗最初共有 6 座村庄和 6 个家族，称为斯卢六部）各部的首领率领部落民众聚集在阏川巨石之上商议选举国王、建国定都之事。这时杨山下罗井附近出现了一道神秘的光。大家感到惊奇，随后发现井边有一匹白马。后来白马飞上天，地上留下了一颗巨蛋。一个男婴从蛋中破壳而出，模样端正，貌美英俊。因为蛋的大小和瓠相似，所以给这个孩子取姓朴；又因其浑身发光，所以取名赫居世。赫居世 13 岁的时候，被新罗六部推举为国王。赫居世也被认为是朝鲜半岛朴氏一族的祖先。

3. 乡歌

乡歌是韩国文学史上独具一格的文学体裁。它作为新罗时期广为流传的诗歌形式，是借助于乡札标记来进行创作的定型诗歌。乡札指的是借助汉字字音和字义来标记韩语的一种标记方法。乡歌这一名称据说是因为新罗人在唐朝时期被中国人称为“乡人”而得名。乡歌的作者包括国王、僧侣、花郎和妇女，其中僧侣和花郎是主要的创作阶层。由于僧侣众多，关于佛教方面的乡歌创作很多。由于年代久远，流传至今的乡歌共约 25 首，其中收录于《三国遗事》中的有 14 首，收录于《均如传》中的有 11 首。新罗真圣女王时代编写了乡歌集《三代目》，收录了当时流传的乡歌。但是该文献没有被保留下来。现今流传下来的文献中，《均如传》记载的是与佛教内容密切相关的佛教赞歌。

僧侣月明师和忠谈师就是乡歌创作人。月明师创作的代表作是《兜率歌》和《祭亡妹歌》。《兜率歌》表现的是面对天上出现两个太阳的异变而求助神灵时的祈愿。《祭亡妹歌》则主要表达哥哥对亡妹的思念，约定死后在极乐世界相见，是非常具有表现力的一首乡歌作品。忠谈师的《安民歌》和《赞耆婆郎歌》也非常有名。《安民歌》中劝诫君主治国安民，视百姓为子女，是一首具有民本思想的诗歌；《赞耆婆郎歌》则是一首歌颂与悼念花郎耆婆郎理想与节操的诗歌。

民间广为流传的《薯童谣》，讲述的是百济武王少年时期喜欢新罗真平王公主的故事。《王歌》表明王希望拥有孝心。《愿往生歌》是僧侣广德和朋友严正向往极乐世界而创作的作品。除此之外，还有盗贼翻越智异山而得到解脱的《遇贼歌》，姬明为了失去光明的女儿祈求复明的《千手大悲歌》，给绝世美人水陆夫人摘花的牛郎老人的《鲜花歌》，用公羊运送泥土时所唱的劳动歌谣《富饶》。

月明师的《祭亡妹歌》和忠谈师的《赞耆婆郎歌》均因出色的修辞手法和时代精神的流露而得到了文学家的好评。这些广为流传的作品都具有一个共性，那就是探求超越现实的问题、寻求永恒的世界与以哲学为基础而存在的事实。这些作品都包含佛学思想，也说明佛教对当时人们的人生观、世界观、宇宙观产生了极大的影响。

《薯童谣》

善化公主主隐	선화공주님은
他密只嫁良置古	남몰래 통정하여 두고
薯童房乙	서동도련님을
夜矣卯乙抱遣去如	밤에 몰래 안고 간다.

（二）民间故事

所谓“故事”指的是在现实世界中的事件经过虚构加工，变为趣味性的艺术事实。这一体裁由于具有艺术普遍性而颇受欢迎，在朝鲜王朝后期以“야담（野谈）”的文本形式被记载下来并成为小说的素材，为朝鲜半岛叙事文学的发展奠定了基础。民间故事不具备完整的客观性、真实性要素，其中的主人公与神话传说中的主人公不同，不具备超乎寻常的能力，只是拥有美好品德的普通寻常人。韩国的民间故事多收录于《三国史记》和《三国遗事》。其中《温达传》《薯童传》《仙女与樵夫》最为有名。

《温达传》讲述的是一个贫穷的傻小子与公主相亲相爱的故事，时至今日仍然家喻户晓，广为流传。年轻人温达与双目失明的母亲相依为命，温达虽然家境贫穷但因孝敬母亲而声名远播，大家都叫他“傻子温达”。国王有一个爱哭的女儿，叫“平冈公主”。有一天，公主哭闹不止，国王想要制止哭闹，于是吓唬公主道：“要是再哭就把你嫁给傻子温达”。奇怪的是公主一听这话，立刻停止了哭闹。此后，公主每次一哭闹，国王就吓唬说要把她嫁给傻子温达，此法屡试不爽。转眼间，公主长大成人，到了适婚年龄，国王打算把公主嫁给邻国的王子。公主知道父王的心思后表示非要嫁给温达不可。国王一怒之下把公主驱逐到城外，倔强的公主就此开始寻找温达。途中，她听说温达虽然家境贫寒，但为人孝顺和善，更是让她决心坚定，心生欢喜。几经周折后，她终于见到了温达。善良的温达被公主的美貌所吸引，更被公主的真心所打动，于是迎娶公主为妻。他们夫妻二人相依为命，服侍母亲一起生活。爱夫心切的公主变卖了她的珠宝，支持温达学武艺、学技能。当时，国家每年都定期举行狩猎比赛，经过几年磨炼的温达在平冈公主的支持下报名参加比赛，他威武英勇、技压群雄，一举夺魁。国王甚喜，于是原谅了公主和温达，并授予温达大将军之职。温达将军战功显赫，深得王侯百姓的喜爱。其后，温达作战时不幸身亡。国人盛赞温达的勇猛，从此，平冈公主和傻子温达的美丽爱情故事便开始广为流传。

（三）童话与寓言

在传统的故事文学中，童话与寓言占有重要地位。童话和寓言是民众喜闻乐见的传统文学体裁。童话故事通过一些离奇的情节塑造人物形象，讲述好人终得好报的故事。

《傻鬼》是以惩恶扬善为主题的代表性童话。很久很久以前，有一个家里很穷的少年。一天，他在喝井水的时候，不知从哪里蹦出来一只青蛙。青蛙对少年说："在远处那座山上，有一个傻鬼，如果找到傻鬼说出自己的心愿，就可以摆脱贫困。"少年听完青蛙的话，跑去山上开始寻找，他还真找到了傻鬼。少年对傻鬼说："鬼怪，你可以满足我的愿望吗？我想成为一个富人。"傻鬼于是送少年一匹毛驴。可是回家途中，毛驴被心肠恶毒的酒馆老板给抢走了。没有办法，少年再次找到傻鬼请求帮助。鬼怪这次给了少年一张包袱皮，这张包袱皮非常珍奇，想要什么包袱皮里就能出来什么。但这张包袱皮又被酒馆老板给夺走了。灰心的少年再次找到傻鬼。这次傻鬼给了少年一根棍子，并告诉他："如果对棍子喊'打我吧，棍子！'，就会涌出很多金银珠宝。"少年回去就把这件事告诉了酒馆老板。于是酒馆老板又对这根棍子起了贪念，夺走了棍子。好奇又贪心的酒馆老板对棍子喊道："打我吧，棍子！"棍子便立刻开始打酒馆老板，最后酒馆老板居然被棍子打死了。少年这才得以重新找回驴子和包袱皮，回到家时，家里已经装满了金银珠宝。靠着这些珠宝，少年成了富翁，快乐地生活着。

《兔子的肝》也是家喻户晓的传统寓言故事。东海龙王患心病，需要兔子的肝脏来做药引子。于是乌龟被派往陆地寻找兔子，用花言巧语骗兔子要带它到风景优美、没有秃鹫的岛上去生活，乌龟背着兔子来到了深海后才道出实情。这时，得知真相的兔子不露声色地告诉乌龟自己的肝在海边的岩石下晾晒，于是乌龟又背着兔子回到了陆地。此时兔子赶忙跳下来对乌龟说："这世上哪儿有没有肝脏还能活的家伙！"说完便逃进树林不见了。乌龟又气又恼，却于事无补。

（四）汉诗

诗歌是中国古代文人雅士抒发个人情感与人生感悟的重要文学形式。在韩文发明以前，汉诗是韩国的士大夫阶层抒发情怀的主要文学体裁。新罗时期与唐朝的交流非常密切，汉诗的创作也自统一新罗时期开始进入了繁盛期。汉诗诗人的杰出代表是大文豪崔致远（857- 卒年不详）。在新罗社会的骨品制中，崔氏家族居六头品，新罗时期很多儒学代表学者都是崔氏家族出身。崔致远，字孤云、海云，被世人称作“三崔”之一，是崔氏家族众多学者当中最具代表性的人物。他的父亲肩逸曾参与建造元圣王的陵墓崇福寺。公元 868 年（景文王 8 年），年仅 12 岁的崔致远游学中国。临行前，他的父亲激励他：“十年不第进士，则勿谓吾儿。”崔致远 18 岁考取宾贡科，20 岁出任宣州溧水县尉。他编撰诗文集《桂苑笔耕》，共 20 卷 4 册，收录的大部分是他在担任淮南节度使时创作的诗文。崔致远在序文中讲述了他远行来到唐朝呕心沥血求学问道最终进士及第的故事，以及他在诸道兴马都统高骈门下担任文职僚佐时，代撰的很多章表书檄。崔致远年少离家，他的很多作品中都饱含着思乡之情。其中五言绝句《秋叶雨中》原文如下：

秋风唯苦吟
世路少知音
窗外三更雨
灯前万里心

秋风、夜雨、摇曳的灯火这一系列凄凉的意象描绘出了异国漂泊的诗人思念故国与亲人的孤苦心境。通过崔致远的诗歌作品，我们不仅可以欣赏到汉诗之美，还可以感受到当朝汉诗的文学传播力。正是因为中韩两国由来已久的人文交流，汉诗才得以成为中韩文学研究与文化交流的重要媒介。

高丽时期，汉诗仍然是十分重要的文学体裁。诗歌的风格大多富有唐诗的风采，也受到宋诗的影响。前期的代表诗人是郑知常（生年不详 -1135），据说郑知常的作品很受韩国士大夫的赞赏，是高丽时期汉诗的集大成者。高丽中期出现了“海左七贤派”创作群体，其名称仿效中国晋朝文人“竹林七贤”。他们是在高丽经历了武臣之乱后以饮酒赋诗的方式过着隐居生活的文人学士。“海左七贤派”包括李仁老、吴世才、林椿、皇浦沆、赵通、李湛之、咸醇。其中李仁老的《破闲集》最有名。他的一首《山居》颇具宋诗风格。

春去花犹在，天晴谷自阴。
杜鹃啼白昼，始觉卜居深。

李奎报和李齐贤是高丽中后期诗坛最具代表性的诗人，他们出身贵族官僚阶层，汉诗造诣高，创作宏富。李奎报的《东明王篇》是一首5言282句的英雄叙事长诗，记述了东明王的前世家族、一生建树、后世经历以及本人的评述与感怀。李齐贤与中国的缘分深厚，曾多次出使元朝，著有《益斋乱藁》10卷以及《栎翁稗说》4卷流传于世。他的《思归》通过众多的意象抒发了身在异乡，心中对故国山川的绵绵思念之情。

扁舟漂泊若为情，四海谁云尽弟兄。
一听征鸿思远信，每看归鸟叹劳生。
穷秋雨锁青神树，落日云横白帝城。
忍得莼羹胜羊酪，行藏不用问君平。

15世纪中叶，世宗大王创制了《训民正音》，文学创作的文字逐渐由汉字转变为韩文。但是直到19世纪末，汉诗在朝鲜半岛诗歌文学中仍占有重要地位，甚至还出现了词章派、士林派、方外人和实学派这几大流派。词章派的诗风华丽，创作者是具有身份和地位的文人，代表作家有郑道传、申叔舟、权近等；士林派的诗风清丽平和，创作者是专心修养学问的文人，主张道性文学，代表人物有金宗稷、李滉、李珥等。

李珥（1536-1584），朝鲜中期文臣，字叔献，号栗谷。父亲李元秀是司宪府监察，母亲是师任堂申氏。李珥小时候在母亲的言传身教下成长。1548年，年仅13岁的李珥考中进士。16岁时，母亲去世，他在坡州斗文里守孝三年。1554年，与成浑结识，后去金刚山学习佛教。1558年，23岁的李珥去礼安陶山拜访已经58岁的李滉。之后他们多次通过书信讨论格物、穷理的问题。1564年，他在十年的科举中九次考上状元，世人称他为“九度状元公”。

同年，李珥第一次被任命为户部左郎，之后又担任了礼部左郎、吏部左郎等职务。1568年，他作为千秋使书状官出使中国，后担任父教里和春秋政纪士官并参与《明中实录》的编纂。1574年，李珥成为三品文官，担任兵部参知、私谏后因病辞官，在被任命为黄海道观察使后又再次辞官，专心于学术研究。1581年，李珥兼任大司宪和艺文馆提学，之后又担任同知中枢府事和两馆大提学。1582年，他又历任吏部、刑部、兵部的判书，之后由于主张党争的同仁被弹劾辞官，同年李珥又再次被任命为副使和吏部判书。1583年正月，49岁的李珥离世。李珥的代表著作有《圣学集要》《启蒙要诀》《小学集注改本》《中庸吐释》《经筵日记》等。

16世纪后半叶是朝鲜王朝的中衰期。李珥认为长久以来实行道学造成的时弊亟须改革。他所指的时弊是缴纳贡品和进贡，以及兵役不均、管理不当等社会问题。李珥认为这些问题的改革只有具备时势才能实现，它的实现与否取决于君主改革的意志是否坚定和是否有支持君主的贤臣。李珥的思想在17世纪以后由西人老论一派继承，成为西人老论派政治思想和治国理念的基础。在党争异常激烈的时期，他们把李珥的朱子学看作正统，将其继承和发扬的同时，排除李滉和曹植等学派，并掌握了政治主导权。

方外人的诗风充满自我意识和批判精神，创作者多是被排斥在统治体制之外的文人。主要代表人物有金时习、林悌等。实学派的诗风写实，最著名的代表人物是朝鲜后期的丁若镛。《苦雨》这首诗表现了作为实学派的丁若镛对于民生疾苦的关注与同情。

苦雨苦雨雨不休
烟火欲绝巷人愁
灶门水生深一尺
稚子还来汎芥舟

丁若镛（1762-1836）是朝鲜后期实学派代表学者，字美镛、颂甫，号茶山。他一生创作诗作两千五百余首、诗集 23 卷，其文学作品与人生境遇、政治理想、仕途命运密切相关。丁若镛 28 岁考中科举之后步入仕途。1794 年，他担任京畿道暗行御史。1795 年，担任兵部参议时，在周文谟事件中与二哥一起被牵连，降职为金井道察访后担任奎章阁副司。I797 年升职后，他遭到陷害。I799 年，丁若镛在担任谷山府使时政绩优良，再次成为兵部参议。之后他再次遭到陷害并被迫辞官。这时他通过各地呈交的《应旨进农书》认识到，解决作为基本生产手段的土地问题是消除社会矛盾的根本所在。为了彻底改革现有的农业制度，他提出了指向平等化的改革论。

1801 年 2 月，天主教徒引发了辛酉教难。丁若镛由于深受西学影响，受到牵连，与哥哥丁若铨、丁若锺等一起被捕。2 月 27 日，出狱的同时被流放至长鬐，之后转移到康津。在流放的 18 年间，他专心于学问，主张推行以实学理念为中心的全面改革，提出农民土地均占和依靠劳动力收获平均分配、废除奴隶制等方案。丁若锺提出的学问体系继承了实学的重农主义学风，又融汇了以朴趾源为代表的北学派观点，是实学的集大成者。

1818 年，李泰淳上书，丁若镛得以释放。他没有继续做官，而是回到故乡钻研学问。丁若镛从流放生活中体验到农民的生活疾苦和封建社会的欺压与剥削，对社会矛盾有了深切的认识，完成了具有现实性的学问体系构建。他提出的改革论与朱子学形成对立。

传统的朱子学以天人合一为基础，主张人类和自然是由一理的太极贯通；丁若镛则认为天道是与人类世界相分离而独立存在的，并据此批判了朱子学的阶级性和不平等的人类观。在他的眼中，人类世界的秩序是可变的，并试图在尧舜三代的制度中寻找规范。他假定天人分离的同时，又提出了作为绝对性的人格主宰者的天的存在。因为天和所有人都有着独立的关系，强调所有人都是值得尊重的。与此同时，丁若镛还批判了阶层出身的观念，强调优秀、有能力的人不能因为身份低微而丧失任用机会。他主张看能力，对根据身份制实行的国家教育和人才任用制度提出改革。

丁若镛的代表著作主要有《丁茶山全书》，其中包含《牧民心书》《经世遗表》等五百余部作品，涉猎宗教、政治、经济、农业、医学、建筑等多个领域。这些著书成为今天的学者研究丁若镛哲学思想的重要参考资料与依据。

（五）散文

7 世纪，朝鲜半岛出现了散文这一文学形式。受中国志怪传奇小说以及佛教盛行的影响，这一时期的散文大多讲述的是具有玄幻色彩的离奇故事。散文这一文学体裁产生和发展于新罗时期，因此其也被称为新罗殊异传体散文。

殊异传体散文根据内容大致可以分为爱情故事、人物传记和佛教轶事这三大类。其中《仙女红袋》《心火烧塔》《首插石楠》《宝开》等最具有代表性。《仙女红袋》又名《双女坟》，收录于《太平通载》和《大东韵府群玉》。年轻儒生崔公科举及第，到地方赴任，路过两名年轻女子的坟墓时，心生感慨，遂作诗一首。当晚，两名女子寻崔公而来，诉说自己的身世。原来这二人本是当地富商之女，因不满父亲强制包办的婚姻，自杀抗婚。二人特地深夜前来感谢才子的同情与抚慰，直到天明才恋恋不舍地惜别。

殊异传体散文中的历史人物大多具有非凡的能力。这其实和这类作品的作者不详，且作品具有口传性有很大的关系。在口传的过程中，故事被添加了很多个性化内容，也更能体现民众的理想和追求。伴随社会经济的发展，社会矛盾的加深与人类思想的进步，高丽时期还出现了拟人传记散文。这一类散文通过拟人手法和传记体裁讲述人物生平，传达更为深刻的思想。林椿、李奎报是代表作家。林椿的《孔方传》非常具有代表性。主人公孔方是枚铜钱，它贪婪势利，掌控着国家财富。想要做官的只要用钱巴结孔方，便可以获得官职。因此社会风气浮躁，世风日下。孔方还对忠臣进行迫害和排挤，以巩固自己的地位。最终作恶多端的孔方被处以极刑，人心大快。拟人传记体散文中社会的腐败弊政通过拟人的手法被揭露。除此以外，李谷的《竹夫人传》、李詹的《楮生传》都是 14 世纪广为流传的作品。

（六）民谣与景几体歌

民谣是普通民众在劳动、举行仪式、做游戏时传唱的歌谣，具有非常强的口传性，是民众进行自娱自乐抒发个人所感的大众文学形式。高丽时期的民谣主要通过汉诗小乐府的形式翻译而得以流传。李齐贤的《益斋乱藁》中收录了很多民谣作品，《沙里花》便是其中一部。这首民谣通过比喻的手法描写了在当政者的剥削与压榨下生活的农民的困苦。

黄雀何方來去飞
一年农事不曾知
鳏翁独自耕耘了
耗尽田中禾黍为

民谣的民族性与口传性又衍生出了地域性与阶级性，但民谣却是民众阶层生活与情感的真实反映，具有宝贵的历史价值。

高丽时期还出现了来自平民阶层的职业创作歌手，他们创作的口传歌谣被称为高丽俗谣。这里的“俗”指的是平民创作，反映平民世俗人情之内涵。俗谣形式为多节，与单节的民谣相比，形式更为复杂，情感也更加细腻丰富。《动动》《西京别曲》《双花店》等作品流传至今。《西京别曲》以女人的口吻诉说着离别时的伤感。“别曲”的“别”是指有别于汉诗的另外一种文学体裁；“曲”是指俗谣体裁。《西京别曲》是一首三节俗谣，其中第二节李齐贤的汉译内容如下：

纵然岩石落珠玑，
瓔珞固应无断时。
与郎千载相别离，
一点丹心何改移。

俗谣作品大多反映男女悲欢离别之情，与士大夫阶层借用汉诗表达忧国忧民、个人理想的内涵不同。

景几体歌是区别于汉诗、俗谣的一种民族定型诗，它是贵族阶层的文学体裁，表现士大夫阶层的生活与情感。13 世纪出现的景几体歌主要用汉字进行标记，采取叙事歌谣的形式。《翰林别曲》《关东别曲》《竹溪别曲》是景几体歌的代表作。《翰林别曲》由翰林院儒生共同创作，是处于人生顺途的儒生们安逸心境的一种表达。

景几体歌因“景几何如”诗句的出现而得名，朝鲜时期，其发展成为乐章和歌辞。乐章包括汉诗乐章、国文乐章以及汉诗悬吐乐章。作为国家举行庆典时的宫廷综合表演艺术形式，乐章最具代表性的作品有《龙飞御天歌》《月印千江之曲》，史称乐章文学双壁。《龙飞御天歌》是用训民正音创作的文学作品，气势磅礴，共 125 章，宣扬朝鲜王朝建国的正当性，并警戒后世君王勤政治国。

（七）时调与歌辞

时调产生于高丽末期，是朝鲜时期广泛流行的一种定型诗，主要有平时调、连时调等形式。平时调由3章6句组成，连时调则由数个平时调组成。高丽旧臣郑梦周的《丹心歌》最具代表性。面对李芳远《何如歌》中表达出的规劝之意，郑梦周通过一首《丹心歌》来表达内心对高丽的一片忠诚，成为流世之作。时调由于篇幅短小也叫作短歌，在今日仍然是当代韩国文学的重要组成部分之一。

歌辞产生于高丽末期，在景几体歌的基础上发展而来，是一种四音步格律的长篇连续体诗歌，没有行数限制，具有时调的形式。朝鲜成宗时期的郑澈是最为著名的歌辞作家，他缅怀君王时所作的《思美人曲》《续思美人曲》以及游览关东八景时所作的《关东别曲》流传至今。除此之外，还有丁克仁的《赏春曲》、朴仁老的《太平词》《船上叹》《陋巷词》等佳作问世。歌辞作品还出现了依据两班贵族生活所创作的纪行歌辞和流配歌辞。其中《洪淳学》是纪行歌辞的代表之作。宋畴锡的祖父宋时烈在被流放到德源归来时所作的《北关曲》、安肇焕被流放到南海小岛上所作的《万言词》、哲宗时期的金镇衡被流放到明川时所作的《北迁歌》等作为流配歌辞广为人知。另外还有反映女性喜怒哀乐，教化女性遵从三从四德的户闱歌辞。

（八）古典小说

古典小说源自传奇类文学殊异传体散文。最早的小说作品是15世纪朝鲜世祖时期金时习所著的《金鳌新话》。这部短篇小说集创作于1460年到1470年间，内容包括《万福寺樗蒲记》《李生窥墙传》《醉游浮碧亭记》《南炎浮洲志》《龙宫赴宴录》等。《金鳌新话》用汉文写作，根据中国明代瞿佑的《剪灯神话》创作而来，包含反映现实矛盾的作家意识，展现出了韩国汉文学的辉煌成就。在韩文创制以前，韩国小说是使用汉字进行创作的，汉文小说的创作一直持续到开化期。由于在封建社会能够接受教育的阶层仅限于士大夫阶层与极少数的良人，因此汉文小说的作家层与读者层均十分有限。

军谈小说是讲述英雄豪杰故事的小说。最早用韩文创作的军谈小说是17世纪初光海君时期许筠所著的《洪吉童传》。肃宗时期金万重创作的《九云梦》、朴趾源创作的《许生传》《两班传》《虎叱》等都是非常具有代表性的韩文小说。除此之外，还有通过"盘索里"形式流传下来并汇编成书的"盘索里"小说《春香传》《沈清传》《兴夫传》《蔷花红莲传》等作品。这些作品扎根于平民大众，作品的情节和风格完全平民化，不再以反映两班贵族生活为主要特征。韩文小说以惩恶扬善为主要内容，结局则呈现大团圆的特点，这些作品具有鲜明的时代特征与民族文化特质。近年，韩国影视文化产业经常把这些作品作为热门IP进行开发与挖掘，使其焕发全新的文学生命力。比较热门的作品有早期的《豪杰春香》《快刀洪吉童》。

根据创作文字的不同，韩国古典小说可以分为汉文小说和韩文小说；根据读者层则可以划分为士大夫小说与平民小说。古典小说的出现与当时社会生产力的发展有着紧密关联。经济的发展解放了一些劳动力，同时唤起了民众的精神需求，这就为读者层的形成奠定了基础，也为职业作家的出现创造了可能性。

朝鲜王朝时期的文学，大体上以壬辰倭乱为界分为朝鲜前期文学和朝鲜后期文学。朝鲜前期文学可以代表高丽时期精炼的诗歌文学成熟发展成就，后期文学则呈现出全面散文化发展的特点。这样的变化意味着社会思想背景的转变，即前期占据统治地位的指导理念是儒家思想，随着儒家思想的影响力逐渐减弱，新出现的实学思想开始影响社会大众，继而反映到文学作品当中。因此朝鲜前期文学侧重于反映两班生活；朝鲜后期的文学呈现出庶民生活。与此同时，过去一直以男性为主的文坛终于出现了黄真伊、李梅窗等一批女性诗人。

二、近现代文学

一般来讲，朝韩古典文学是指上古时期到 19 世纪末所出现的文学作品，现代文学是以传统为基础，在西方文学影响下形成的新文学。朝韩现代文学大约从 1910 年开始萌芽，历经十余年才得以确立。

通常来讲，1876 年至 1910 年被称为开化期，在这一时期，朝鲜半岛出现了具有时代特色的文学体裁——新小说。新小说究竟“新”在哪里？与古典小说相比，最大的区别是内容和形式上的变化。首先，新小说具有鲜明的现实色彩，不会脱离现实世界；其次，主题意识主要为独立自主、男女平等、妇女解放、科学法制等文明开化思想；再次，新小说的叙述语言不拘泥于文言体的书面语表达，李仁植的《血之泪》是最具代表性的新小说。

在新旧文化交替的近代转型期，近代诗歌文学呈现出新面貌。借用传统歌辞形式表达开化启蒙思想的“开化歌辞”、歌词配乐进行演唱的“唱歌”、以自由诗的形式传达新思想的“新体诗”陆续出现。这三种文学形式是古典诗歌向散文化的自由诗过渡的诗歌形式，主题内容主要表达的是文明开化、独立自主、男女平等、新式教育。1908 年，崔南善（1890-1957）发表在《少年》创刊号上的《海上致少年》是朝鲜半岛最早的新体诗。

터—ㄹ썩, 터—ㄹ썩, 턱, 쏴—아.
따린다, 부슨다, 문허 버린다.

태산 갓흔 놉흔 뫼, 딥태 갓흔 바위ㅅ 돌이나,
요것이 무어야, 요게 무어야.
나의 큰 힘 아나냐, 모르나냐, 호통까디 하면서,
따린다, 부슨다, 문허 버린다.
텨—ㄹ썩, 텨—ㄹ썩, 텩, 튜르릉, 콱.

《소년》(1908)节选

诗人通过大量的拟声词来突显大海的雄壮与力量，而少年对美好未来的憧憬与希望又恰好和大海所蕴含的无限希望一脉相通。这首诗通过打破传统定型诗的格式，追求自由诗的形态而成为新体诗的嚆矢之作。

（一）近现代文学的转型

金亿是一位现代诗萌芽阶段的代表诗人。他创作了《夜叛》《春逝》等作品。这些作品从结构、韵律等多个角度展现出了自由诗的形态。当时文坛开始接受西学，引进西方的象征主义。李光洙的短篇小说《幼小的牺牲》、玄相允的短篇小说《恨之一生》以及李光洙的长篇小说《无情》《开拓者》都是以新的小说形态出现。其中《无情》是最早的近代长篇小说。这些小说与西方近代小说结构相似，表现形式比开化期新小说更加新颖，且都是以启蒙主义为主题，是新小说和现代小说之间的过渡型作品。

20 世纪初的文学环境是在多种因素作用下形成的。19 世纪后期以来朝鲜半岛的政治环境发生剧烈变动，社会环境不稳定；伴随西方文明的泊来，新的文学意识开始形成；传统文学也开始受到西方文学的影响，新的文学形式反映新时代的精神指向；民众对于语言文字的认识加强，民族文学的必要性得到认同；报纸、杂志、出版社的出现也奠定了良好的文学传播基础。

（二）现代文学的萌芽

1919 年三一运动结束后，朝鲜半岛民众开展了一系列轰轰烈烈的民族独立运动，众多青年团体掀起各种社会运动，拯救民族于危亡。《朝鲜日报》《东亚日报》等新闻媒体成了朝鲜民族的发声途径。追随时代与社会的变迁，文学呈现出多样的面貌。

《创造》《废墟》《玫瑰村》《白潮》等期刊成为当时的文艺中心。这一时期的文学先锋比 20 世纪 10 年代的李光洙、金亿更加积极引进西方近代文艺思想，大胆地尝试自由诗和现实主义小说创作。

1919 年 12 月，朱耀翰在《创造》杂志的创刊号上发表了具有重要文学意义的《观火游》。这一作品以象征性素材、非定型诗的形态、自由抒情的特点被文坛评价为韩国最早的自由诗。在这一时期，发表自由诗的诗人还有金亿、黄锡禹、吴相淳、李相和等。他们的自由诗创作呈现出象征主义、浪漫主义、唯美主义的倾向。金亿的《水母之歌》、卞荣鲁的《朝鲜之心》、朱耀翰的《美丽的黎明》、金素月的《金达莱花》、韩龙云的《君之沉默》都以诗集的形式出版。这些诗集对自由诗的形成和发展具有深远的意义。其中金素月的《山有花》和韩龙云的《君之沉默》最具代表性。金素月的作品富有民族情感，以民谣曲调为基础。而韩龙云的作品则富有象征性和佛理。

산유화

김소월

산에는 꽃 피네.
꽃이 피네.
갈 봄 여름 없이
꽃이 피네.

산에
산에
피는 꽃은
저만치 혼자서 피어 있네.

산에서 우는 작은 새여
꽃이 좋아
산에서
사노라네.

산에는 꽃 지네.
꽃이 지네.
갈 봄 여름 없이
꽃이 지네.

金素月的诗歌被评价为“含蓄蕴藉，情意绵邈，言近旨远；怨而不怒，哀而不伤。”[14]《山有花》歌颂自然、描绘自然的同时更是将自然景色融入了自我的情感世界中，表现

14 徐东日、崔松子：《试论金素月诗作的艺术特色》，延边大学学报 2001（3）。

了朝鲜民族所特有的诗歌意象与民族情感。

在韩龙云的诗作《君之沉默》中，“君”内涵丰富，通过清新流畅的散文化书写，成为哀而不伤的民族意志化身。新诗中那种热烈、直白的语言风格褪却，情感通过隐喻与锤炼的语言得到节制性抒发，是朝鲜民族抒情诗的优秀代表。

20 世纪 20 年代，金东仁、廉想涉、玄镇健三位作家备受瞩目。这一时期的代表作品有金东仁的《船歌》《土豆》、廉想涉的《标本陈列室的青蛙》《万岁前》、玄镇健的《贫妻》《好运的一天》等。除此以外，还有罗稻香发表的长篇小说《欢喜》、短篇小说《水车碓》《桑树》《哑巴三龙》等。罗稻香的作品采用现实主义技巧和方法的同时，还糅合了浪漫主义要素。

1923 年的朝鲜文坛出现了以贫穷、剥削等社会问题为主题的新倾向派文学。其提倡者金基镇通过文学评论表达对民族命运和现实社会的不满。诗人李相和、金东焕，小说家崔曙海、朱耀燮是这一时期文坛的代表人物。李相和首先发表了具有浪漫主义色彩的作品《我的卧室》,后来转向拥护新倾向派,创作出《被掠去的田野还能有春天吗》等具有反抗意识的诗歌作品。崔曙海结合自身颠沛流离的生活体验，发表了《出走记》等一系列揭发社会不合理现象的作品。

这一时期的小说否定前期小说的启蒙性，主张民族性，展现出与时代相符的现代意识。由于日帝统治加强，正面主张反抗日帝统治的文学作品难以问世，深入琐碎日常和人物内心世界或回顾历史的文学创作不断涌现，并通过这种方式来探讨文学的审美与价值。朴泰远的《川边风景》、李箱的《翅膀》、金东里的《巫女图》、蔡万植的《浊流》、洪命熹的《林巨正》均为非常具有代表性的作品。

（三）无产阶级文学

1925 年，朝鲜无产阶级艺术家同盟（KAPF, 卡普）成立。多数新倾向派文人以此为契机创立了阶级主义文学，又称“普罗文学”。部分文人反对、排斥这一变化，组织开展国民文学运动。这一运动以民族主义为基础，旨在促进国民对文学纯粹性的拥护和对历史的再认识。与此同时，还有一些作家未曾加入朝鲜无产阶级艺术家同盟，但却与他们有着相近的认识。这一类作家是“同伴者作家”，代表作家有李孝石、俞镇午。李孝石的代表作有《进行曲》《露领近海》等。俞镇午的代表作有《五月的求职者》《女职工》等。

文学家、评论家们在对这一时期的国民文学运动给予积极评价的同时，对于持续至 1930 年代初期的普罗文学整体评价不高，其依据是普罗文学过分重视阶级性和目的意识的价值，忽视文学的艺术属性。普罗文学早期对于贫富差距的认识主要基于朴素而模糊的自发性反抗，中后期成熟阶段则在殖民地现实的压迫下产生了明确的阶级意识，具有鲜明的写实性。比较成熟的作品有赵明熙的《洛东江》、韩雪野的《过渡期》等。李箕永的《故乡》作为韩国文学史上公认的现实主义佳作，讲述了在殖民地时期政治压榨和农村经济瓦解日趋严重的环境下，贫穷潦倒的农民如何历经苦难蜕变为具有阶级意识的工人的成长历程。《盐》《人间问题》等作品让姜敬爱成为该时期备受瞩目的女性作家。她没有加入卡普，但创作风格具有明显的普罗文学色彩。她的作品从女性视角批判了日本殖民统治下的社会万象。

（四）现代文学的发展

在日本帝国主义的压制下，卡普于 1935 年宣布解散。当时的文坛对于普罗文学和国民文学均表现出抵制的态度，因为文学家们拥有力求新颖、指向纯粹的文学追求。创作这种纯粹诗的诗人们被文坛称为“诗文学派”。（1930 年创刊的《诗文学》上登载了许多纯粹诗作品。）朴龙喆、金永郎、郑寅普、异河润、郑芝溶、辛夕汀等作为诗文学派的代表诗人，创作了很多抒情诗佳作。与此同时，李箱作为超现实主义作家，发表了《乌瞰图》等一系列深奥难解的作品。

从 1935 年开始，诗文学创作进入更加深入的阶段。诗坛出现了以“生命”为主题的“生命派”诗歌。诗人徐廷柱、吴章焕、金东里最为瞩目。《狱夜》《正午》《花蛇》《旌门》等诗作共同反映出一种“生命意识”。作为一名独立运动家，诗人李陆史发表了展现革命家意识的《青葡萄》《绝顶》等作品。

20 世纪 30 年代的文学形式呈现出多样化形态，创作水平也全面提高。随着日本帝国主义的压迫日益严重，民众的抵抗意识不断增强。作为一种抵抗形态，更作为 20 世纪 20 年代后期开展的国民文学运动的延续，这一时期涌现出了很多历史小说，主要作品有：李光洙的《李舜臣》《異次顿之死》、金东仁的《年轻的他们》《云岘宫之春》、朴锺和的《锦衫之血》、玄镇健的《无影塔》等。

在《东亚日报》开展“到群众中去”运动的时代背景下，农民文学异军突起。“到群众中去”这一民族主义运动促使学生深入农村，推动了农民思想的解放。这次运动的推动者李光洙以此为主题创作了长篇小说《泥土》。李光洙的《泥土》和沈薰的《常绿树》是韩国农民小说的典范。普罗文学作家虽然也以农村为背景创作小说，但夸大了社会阶级矛盾与民族矛盾、过分注重意识形态的传播，造成文学艺术的现实性与作品性不足。

1935 年后，农民文学的样态又发生了改变，出现了田园派文学。在这一时期，知识分子批判城市现实、憧憬农村生活，产生回归农村、享受田园生活的思想倾向。反映这种状况的作品有金东鸣的《芭蕉》、金尚镕的《望乡》、辛夕汀的《烛光》。小说则以李无影的《农夫》、朴荣濬的《模范耕作生》为代表。

这一时期，李孝石为追寻人性本质而创作的抒情性作品注重文学的艺术性与技巧性，在同期作家中获得好评。同时，李箱为追寻自我意识和无意识世界而创作的心理主义小说《翅膀》《终生记》等也受到文坛的瞩目。在日本帝国主义殖民体制下，小说家对社会不合理现象无法进行正面抨击，只得采取迂回的创作策略进行批判，于是出现了“讽刺文学”。蔡万植的《既成的人生》《太平天下》《痴叔》《浊流》是讽刺文学的代表之作。

这一时期文坛也出现了非常具有民族特色的文学作品。代表作有金裕贞的《采金的豆田》《春春》《山茶花》、金东里的《巫女图》《岩石》等。这一时期的小说家在重视作品艺术性的同时，对现实问题也表现出极大的关注，创作了很多现实主义小说。代表作有桂镕默的《白痴阿达达》、金廷汉的《寺下村》等，均反映了社会中日益尖锐的现实矛盾。

1939年文艺杂志《文章》《人文评论》的创刊一度受到了极大关注，但后来朝鲜语书刊被全面禁止出版。《朝鲜日报》《东亚日报》《文章》《人文评论》等报刊遭到停刊。在这种变化下，许多文学家在此期间没有发表作品，部分作家甚至放弃了写作。文学创作也因此进入了黑暗期。

1945年8月15日，日本天皇宣布投降，朝鲜半岛光复。民族文学家们重新活跃起来，面对朝鲜半岛南北分治的政治现实，他们纷纷开始摸索新的民族文学之路。诗坛新人以《文章》杂志为文艺中心纷纷登场，开始陆续发表前期由于政治原因无法出版的诗集诗作。朴宗和的《青瓷赋》、金亿的《民谣诗集》和新人金相玉的时调集《草笛》等最具代表性。这些诗集大多以朝鲜民族情感为创作基础。柳致环的《生命之书》和徐廷柱的《归蜀图》创作因加入心理化手法而获得好评。在这一时期，文坛出版了两部被评价为抗日诗集的作品集：一部是李陆史的《陆史诗集》，诗作蕴含革命性；另一部是尹东柱的《天空、风、星星和诗》，诗作把作为亡国人的精神痛苦表达得淋漓尽致。

20世纪40年代后期，民族主义经典之作《青鹿集》出版发行。《青鹿集》由朴木月、赵芝熏、朴斗镇三人共同创作，这三人也因此被称为“青鹿派”。他们各自的诗作风格迥异，朴木月在民谣性旋律中，乡土抒情风格浓郁；赵芝熏的旋律优雅怀旧；朴斗镇则以宗教热情为基调歌唱理想，自成一派。在《青鹿集》出版以前，早期作品大多以自然为素材，因此诗坛称之为“自然派”。20世纪30年代中后期，继承了现代思潮的诗人金景林、朴仁焕、金素英共同出版了诗集《新都市和市民们的合唱》，诗集收录作品以都市和文明为主题，通过视觉形象和融合概念形成独特风格。

此外，这一时期，朴宗和的历史小说《前夜》《黎明》、廉想涉的《临终》《两个破产》等真实地再现了时代的矛盾与问题。李无影的《农民》准确地反映了农村的现实状况。黄顺元、安寿吉等作家也开始受到文坛关注，黄顺元的《星星》《制缸的老人》、安寿吉的《牧畜记》等作品真实地描写了朝鲜人民的悲惨生活。

三、当代文学的繁荣

8・15 光复后没过几年，朝鲜半岛爆发了朝鲜战争，继而出现了战时文学和战后文学。战后文学在 20 世纪 70 年代文学中占据较大的比重，文坛出现了传统主义倾向。柳致环的诗集《与步兵一起》、金宗文的诗集《墙》、赵芝熏的诗集《在多富院》均取材于战争，受到了文坛的好评。

光复后的诗坛以传统派和现代派创作为主。传统派代表诗人有徐廷柱、赵炳华、李炯基等。徐廷柱出版诗集《归蜀图》《徐廷柱诗选》，这两部作品通过发现韩国的传统美，用韩国人熟悉的韵律与词汇来表达民族的思维与情绪。赵炳华的《落叶相聚而生》、李炯基的《落花》是非常重视个人情感并富有哲学意味的作品。现代派代表诗人有朴南秀、金显承、具常、金春洙、金洙暎、全凤健。现代派的作品受西方存在主义和超现实主义影响较多。全凤健的《钢琴》和申瞳集的《送信》一度很受文坛瞩目。

20 世纪 50 年代后期，战争题材小说开始涌现。朴荣濬的短篇小说《阴沉的花丛》、黄顺元的《鹤》、金东里的《兴南撤退》等最具代表性。战后留下的是废墟、精神的空虚和肉体的创伤，这一时期，否定现实的现代主义小说得到了发展。代表作有金东里的《蜜茶苑时代》《实存舞》、黄顺元的《人间接木》《矗立在斜坡上的树》、安寿吉的《第三人间型》、孙昌涉的《血书》、吴尚源的《缓期执行》、李范宣的《误发弹》、崔仁勋的《广场》等。

战后小说受到了西方存在主义的影响，广泛采用了心理主义的表现方法。中篇和长篇的数量显著增加。这与韩国社会政治、经济的复杂情况有着千丝万缕的关系。休战后，朝鲜半岛进入了南北分治期。韩国的国家建设面临政治民主和经济发展两大课题。经济发展依靠强有力的军事独裁主导的经济开发计划得以实现，而政治上的成熟则是通过与促进经济发展的独裁权力不断进行民主斗争来实现。正是这种复杂与矛盾，使得文学呈现出了多元化的表现形式。

1960 年 4 月 19 日，韩国人民通过非暴力和平示威推翻李承晚的独裁统治。但“4・19”革命并没有马上给社会带来安定局面和经济发展的契机。1961 年，“5・16”政变后，朴正熙于 1962 年上台执政，建立军人独裁政权，开始推行经济发展的第一个五年计划。这些计划强有力地推动了国家主导的经济发展，进入了加速产业化时代。随着产业化的发展，经济快速增长，现代化的产业机制得以确立。以往主要依靠农业的产业结构变得多元化，大众生活得以改善。随着近代企业的发展，城市扩大，大众文化开始形成与扩散。社会环境发生巨大变化的同时社会矛盾也日渐增多。城市劳动阶层不得不接受不合理的劳动条件，农业逐渐从经济中心被排挤出去，农村开始边缘化，城乡差距逐渐扩大。处于强力推动产业化进程中的韩国，为了对抗来自朝鲜的安全威胁，政治上逐渐发展成为强有力的独裁体制。政治部门，乃至社会全盘秩序以及国民自由都一度受到了限制。

在产业化时代，社会矛盾日渐加剧，现代文学开始快速成长起来。这一时期韩国社会大众文化盛行，社会价值观多元，新兴的创作理念纷纷涌现，文学家们不断尝试新的主题意识和多样的表现手法，试图探索解决社会问题的方案。在农村逐渐衰落、城市劳动者命运日趋被动的现实之下，文学与现实生活更加紧密相连，大众读者层不断扩大，文学作品出版日渐活跃，文学的社会影响力也得以不断扩大。在这一时期，文学不仅积极执行着社会批判功能，而且成为民主化运动的中心。

20世纪70年代，现实类文学的重要组成部分是农民文学。在产业化过程中，农村景象日渐萧条，农民生活日渐贫困。农民问题作为一大社会问题，成为当代文学的重要题材。在小说创作领域，李文求、韩胜源、朴荣汉、宋基淑和金春福等作家颇受关注。李文求通过短篇小说《母牛》、小说集《冠村随笔》《紫芒哭泣的缘由》《我们村》等作品，以虚拟和幽默的文体形象化地描绘出了农村突如其来的变化和传统秩序的瓦解过程,以及农民穷困的生活面貌。韩胜源通过小说集《前山亦层峦叠嶂》《火之女儿》等作品，描写了乡土情趣、生活面貌并展现了农民顽强的生命力。在诗歌领域，申庚林的诗集《农舞》和长诗《南汉江》最具代表性。这些作品深刻地再现了在产业化过程中遭到社会排挤的农民的生活状况。

现实类文学的另一个主要题材是城市贫民与劳动者的生活。这些人大多是背井离乡从农村来到城市，作为城市雇佣劳动力谋生。1970年代，黄皙映、赵世熙、尹兴吉等是此类型小说的代表作家。黄皙映通过《客地》《骆驼眼圈》《纤纤玉手》《前往森浦的路》和《壮士的梦》等作品，描述了这些人在现代化过程中被边缘化、阶层自我认知被损毁与丧失的过程。赵世熙在其系列小说《矮人射出的小球》中揭示了被压抑和被蹂躏的阶层的生活惨象以及压迫性的不道德的社会结构。尹兴吉在其系列作品《化身九双鞋的男人》《直线与曲线》和《苍白的中年》中批判了被歪曲的产业化所带来的社会问题。

20世纪80年代，梁贵子、姜石景、柳舜夏和金永显的创作引发文坛关注。梁贵子在《远美洞人们》中细致地描述了边缘市民生活的悲欢离合。伴随劳动运动的正式化，关于劳动文学的评论也日渐活跃起来。姜石景的《深林之屋》、柳舜夏的《生成》、金永显的《月见草》、方玄锡的《凌晨出征》和金香淑的《冰壁之草》等作品陆续发表。

世态小说可以说是产业化时代小说的一个重要创作类别。崔一男、朴婉绪的作品最具代表性。崔一男通过《首尔的人们》《打令》等作品，以讽刺的口吻描述了在产业化过程中被排挤的市民阶层以及故乡农村的变化。朴婉绪在《裸木》《蹒跚的午后》《城市的凶年》等小说作品中，通过描写 20 世纪 70 年代的首尔生活面貌批判了中产阶级小市民的物质主义和虚伪主义。

在工业化时代，南北统一问题也成为重要的文学创作题材。20 世纪 70 年代，随着 1972 年“七四联合声明”的发表和南北对话的进行，南北关系呈缓和迹象。但南北分治现状长期持续，南北问题是否就这样被定格的疑问使得韩国民众的不安感难以消除。幼年期经历了朝鲜战争的一代于产业化时期成了社会的中坚力量，他们以对战争的亲身体验为基础创作了以南北分治为主题的小说，旨在修复南北分治对民族共同体所造成的损害。这些作品包含着一代人对意识形态与战争、血缘、家庭、民族所造成损害的认知。具有代表性的作品有尹兴吉的《霪雨》、金源一的《黑暗之魂》、全商国的《阿贝一家》、李文烈的《英雄时代》、金源一的《寻找幻灭》、赵廷来的《太白山脉》《阿里郎》、朴婉绪的《妈妈的木桩》等。

在诗坛，金芝河、高银、赵泰一、李时英、金明秀、郭在九、金龙泽、崔夏林和朴劳解等诗人以民众诗的形式进行诗歌创作，体现出历史批判意识以及鲜明的民众性。金芝河的《五贼》通过一种新的形式来表达对独裁政权的否定，对不正之风的讽刺和批判，以及对贪污腐败的抵抗意识。高银的诗集《前去文义村庄》、组诗《万人谱》、长诗《长白山》非常具有时代性。与此同时，独裁统治的封闭性日渐凸显，人们也开始试图修复在工业化浪潮中受到的创伤。甘泰俊的《身体被替换的人们》《心之所向》、金明仁的《东豆川》、李太洙的《忧郁的飞翔之梦》、金光圭的《滋润我们的最后梦想》《不是的,并非如此》《像小气鬼》、李河石的《透明的里子》《金氏的侧脸》、李晟馥的《翻滚的石头何时方能醒来》《南海锦山》、黄芝雨的《原来鸟儿也会与世长辞》《螃蟹眼中的莲花》等是其中的代表作。

工业化时代的文学创作在主题、技巧层面均呈现出多元化的面貌。赵善作、赵海一、韩水山等小说作家通过多样的题材和多元的技巧创作了《为了皇帝》《你再也回不到故乡》《青春肖像》《金翅鸟》《英雄时代》《我们扭曲的英雄》《九老阿里郎》《变更》《诗人》等作品，进一步扩大了读者层。与此同时，朴荣汉的《人间的凌晨》、尹厚明的《敦煌的爱情》《没有猴子》、李沧东的《烧纸》、李仁和的《永远的帝国》等是文坛不断创新的代表性作品。

在诗歌领域，诗人通过对诗歌语言和形式所进行的多样探索，试图创造新的诗歌美学。黄东奎、郑玄宗、吴世荣、朴堤千是这一时期文坛的代表诗人。主要作品有黄东奎的《每当看到轱辘我想转起来》《风葬》《无法忍受的轻浮的存在》、郑玄宗的诗集《我是星叔叔》、吴世荣的诗集《造反的光》《最黑暗的一天夜里》、朴堤千的诗集《庄子诗》等。20 世纪 80 年代的诗坛还出现了很多打破传统的前卫实验诗，以及反映民众生活状况的散文诗。这些诗歌创作都体现了工业化时代文学所进行的多样化实践。

工业化时代文坛涌现出了许多优秀的连载小说、长篇小说作品。连载小说中李文求的《冠村随笔》《我们村》、赵世熙的《矮人射出的小球》、李文烈的《青春肖像》最具代表性。长篇小说有朴景利的《土地》、黄皙暎的《张吉山》、金周荣的《客主》、朴婉绪的《未亡》、李炳注的《智异山》、赵廷来的《太白山脉》《阿里郎》、金声翰的《壬辰倭乱》、李文烈的《变更》、崔仁浩的《商道》等。

第 8 章　变化中的韩国

一、韩流

“韩流”一词是对韩国流行文化风靡现象的一种描述，最早是由中国媒体使用，后被韩国媒体接受并广泛使用。广义的韩流包括韩国服饰、饮食等；狭义的韩流是指韩国电视剧、电影、音乐等娱乐事物的地区性影响。

（一）韩流发展历程

1997 年，韩国电视剧《爱情是什么》在央视热播，之后的《蓝色生死恋》《冬季恋歌》《大长今》等经典韩剧在中国国内掀起了韩流热潮。韩国明星裴勇俊、张冬健、宋承宪、全智贤等渐渐被中国观众熟知且喜爱。此外，韩国“百变天后”李贞贤、偶像男团 HOT、神话等组合的劲歌热舞受到了年轻人的喜爱。于是逐渐形成了一股热衷韩国电视剧、流行歌曲以及明星的潮流。

21 世纪以后，韩流在越南、中国、日本等国家迅速扩散，风靡全亚洲。韩流并没有就此止步，逐步扩大范围，走向世界。其中韩国流行音乐，简称 K-Pop，受到欧洲一些国家年轻人的喜爱。许多韩国明星或者韩国团体也积极开拓海外市场，比如安在旭、Big Bang、Kara 等。在 2012 年，鸟叔朴载相的一首《江南 style》红遍全世界，再一次将韩国流行音乐推向顶峰。

韩流在迅速扩展的同时，内容不断丰富、多样化。从最初的歌曲、音乐、戏剧、舞蹈、影视等文化体裁，进一步扩展到游戏、服装、化妆品、餐饮、电子产品和汽车等各个领域。特别是带有浓重韩国文化风韵的影视作品《大长今》上映后，韩国饮食文化的影响力也日渐扩大。从韩流的发展过程来看，带有明显的区域性，由东亚扩展到东南亚、中亚，最后走向欧美。

（二）韩流发展的原因

在十几年的时间里，韩流将影响力从东亚扩大到了全世界，之所以能这么快速发展，主要原因有如下几点。

首先，迅速发展的社交媒体、网络的普及，使得社会的联系越来越紧密。人们了解社会的渠道日益增多，信息可以通过各种媒体来快速传播，比如网站、博客、Facebook、You Tube 等。高新技术的发展也大大降低了韩流文化产品的制作成本，更加有利于韩流的对外输出。

其次是政府的大力扶持。20 世纪 80 年代，韩国为了促进娱乐事业的发展，颁布了一系列支持文化建设的政策，并且成立专门的文化产业专门机构。同时，还开设了韩流文化研究项目，以此来保证韩流文化发展和韩流产业的持续繁荣。

最后是韩流产业的市场化。韩流文化的飞速发展也带来了经纪公司这一文化产业新业态。SM、JYP、YG 公司等较为知名，影响力大。经纪公司有着一整套成熟的明星培育模式，为文化产业精心设计和打造娱乐之星。韩国音乐、舞蹈、设计等领域也积极与世界知名艺术家进行合作，提高韩流作品水准，并不断扩大受众范围。

（三）韩流的影响

近年来，韩流在世界范围内的快速发展极大地推动了娱乐产业与韩国经济的发展。据韩国文化振兴院统计资料显示，1996 年以前，韩国文化产业的对外贸易数值为“零”；1997 年，文化产业首次取得 500 万美元出口额；随着在亚洲范围内韩流的风靡，2005 年，韩国文化产业出口额达到 2 亿 6 800 万美元；2010 年上升至 6 亿 3 700 万美元；[15]2020 年上半年韩国文化产业出口额比去年同期增长 4.8%，达 50 亿 8 000 万美元。可以说，韩国文化产业极大地推动了本国经济的发展。

韩流在输出文化产品的同时，还带动了韩国旅游产业的蓬勃发展。韩国文化观光部统计数据显示，2004 年，赴韩旅游的外国游客达到 582 万人，创下历史新高，同比

15 韩联社：《韩流力量大，文化产业海外出口创历史新高》，http://chinese.yonhapnews.co.kr/allheadlines/2012/02/06/0200000000ACK20120206001200881.html。

增加 22.4%。这些游客多数都是出于对韩剧的喜爱而选择来到韩国旅游。旅游业得到发展的同时也带动了韩国的化妆品、服饰、电子产品等行业的发展。韩流提升了韩国的国际形象，国家文化软实力也得到很大提升。

二、女性地位的变化

韩国深受儒家文化影响，“男尊女卑”现象在现代社会仍然可见。中国有句古话，叫“嫁出去的女儿，泼出去的水”。韩国也有类似的表达，叫“출가외인（出嫁外人）”，出嫁的女儿不再是娘家人，应该尽快融入婆家生活。再加上深受儒教思想的影响，“重男轻女”的思想在韩国社会依然随处可见。韩国传统家庭中，多为严父慈母。随着社会的进步与发展、西方思想的影响和女性受教育程度的提高，韩国的女性地位随之发生了变化。

追溯到统一新罗时期，母系社会居主流地位。男女地位基本平等，有时也存在女性地位高于男性的情况。到了高丽时期，父系与母系两系并存，虽然并没有过多的偏重父系，但是女性地位已经有了不被重视的倾向。朝鲜时期，信奉儒家思想，比如男女七岁不同席，男女授受不亲，同时形成的还有男尊女卑思想。女子必须留在家中相夫教子，操持大小事务；丈夫死后不得再嫁；男孩和女孩在五岁后要分开教养；女孩要跟随母亲学习家务，出嫁后要受婆婆管制；女性被禁止出门，如果有事需要出门，必须获得夫家的同意；女性出门不仅要包裹住脸部，还要不断摇铃，告知路上的男子回避。

韩国女性的地位在近年来有了重大变化，地位逐渐提高，不再像以前那样受到种种限制，也争取到了诸多属于自己的权利。在 20 年前，走在韩国街道上看到的都是丈夫两手空空，妻子手提行李；在地铁里一般是妻子把座位让给丈夫而自己站着。而现在这种现象几乎没有了。如今，更多女性从相夫教子的家庭传统中走出，投身于社会各个领域。越来越多的女性得到应有的尊重，婚后脱离家务束缚出来工作，抑或选择不结婚生子持续工作。在忍受了世世代代的不平等待遇之后，女性在现代作为新兴的社会力量，无论是在政治舞台上，还是在司法、媒体、工商甚至军队和体育界中，均发挥着不可小觑的作用。

2012 年 12 月 19 日，韩国第 18 届总统选举中，韩国执政党新国家总统候选人——朴槿惠获胜，成为韩国首位女总统，这也是韩国女性争取平等的长征道路上的一个里程碑。近年来，在政府机关担任要职的女性越来越多。2003 年，韩国出现第一位女司法部长（康锦）；2004 年，出现第一位最高法院女法官（金英兰）；2017 年，出现第一位女性宪法法院代院长（李贞美）。据韩国政府人事革新处2020年公布的最新资料，韩国女性公务员所占比重逐渐增多，截至2019年12月31日，韩国现有国家公务员68万1 049人，其中女性公务员为34万5 773人，韩国女性占公务员总数的比例为50.8%。此外，韩国统计厅发布的最新数据显示，2020年韩国本科录取人数为34万2 699人，其中女性大学生为16万7 792人，占比49%。良好的教育背景为女性投身社会活动提供了坚实的基础。

韩国女性的社会地位提高、女性解放运动取得的瞩目成果，主要是由于近代韩国女性自我意识的觉醒、日渐兴起的女权运动以及致力于提高女性地位的社会机制的不断发展与完善。虽然较之从前，韩国女性地位有了质的发展和转变，但不可否认，传统的儒家思想仍在韩国社会占据主流，儒教传统及观念仍然根深蒂固。虽然不是所有的韩国家庭都是以男性为中心，也有男女平等的家庭模式，但大部分韩国家庭还是视男性为一家之主。

从历史角度来看，韩国女性的社会地位呈现出由高到低，又由低到高逐渐回升的趋势。要完全实现韩国社会的男女平等虽然前路漫漫，但是韩国女性的成就已经冲破了韩国人的固有观念。

三、整容与养生文化

（一）外貌至上主义与整容现象——爱“面子”的韩国人

韩国整容产业的发展，离不开“外貌至上主义”的影响。为了在面试中得到好结果而选择整容的年轻人不在少数。在日常生活中，韩国女性很少素颜出门，若来不及化妆，至少也会戴上帽子、口罩，全副武装遮挡自己的面容。学生群体的化妆年龄是从小学开始，即使父母以年龄过小为由阻止，也会有孩子偷偷尝试。韩国人的“面子”功夫十分令人惊叹，早起化妆的室友、课间休息时卫生间补妆的女生、街边随处可见的皮肤护理中心……都显示着韩国人对外貌的追求。值得一提的是关于卫生间的表达，韩语的卫生间对应的汉字即化妆室。

根据国际美容整形科学会（ISAPS）数据显示，截至2018年，韩国美容整形市场规模达5兆韩元，占全球美容整形市场规模的25%。韩国每一千个人年均接受13.5次整形手术，位居全球第一，整形外科专任医生人数位居世界第五，可以称之为整形大国。

高考结束后，考生扎堆整容也不失为韩国整容业的一大特色现象。以韩国高考考生为对象进行的街边调查结果显示，在考试结束后，最希望做的是“整容”和“减肥”。因假期较长，易于术后恢复，而且大学是新环境，考生也期待以新面貌开始新生活。

整容产业为了迎合考生心理，也会在相应期间推出特色活动，刺激学生群体消费。

韩流热潮风靡世界，不断打造出极具人气的 idol（爱豆，偶像）。爱豆看似光鲜亮丽，但其实从练习生时期起，其所属的经纪公司会每年安排整容，并要求其进行严格的身材管理。艺人在回归（新专辑发布或者新曲发布，需要进行活动的时候）前，会进行集中减重、管理身材的训练，此时公司会对艺人的饮食进行严格控制。一周内减重达 5kg 的艺人也不在少数。大部分韩国现役女明星的体重都不超过 50kg。

韩国人的整容观念已非常普及，他们会把整容话题“堂而皇之”地放到桌面上来谈，学生和职场人也习惯了同学、同事面容的不定期变化。

韩国人的“面子”功夫，催生了本国整容行业的发展。在促进经济活力的同时，也要避免对“面子”矫枉过正、过度追求，催生社会不良风气。在某项调查中，有近七成的韩国民众承认，评价对方的时候会以貌取人，八成左右的韩国群众认为外貌影响人际关系。有韩国学者认为，外貌至上主义已给韩国的国际形象带来负面影响。

（二）韩国的养生文化

韩国的养生文化可谓历史悠久，源远流长，注重饮食、运动和心理三者相结合的方式。

韩国人讲究饮食健康，日常饮食多以素食或海鲜为主。口味上少油腻，偏清淡，做到了饮食和养生兼顾。热播剧《大长今》中所介绍的食物及饮食习惯，很适合养生，有强身健体、调理的功效。该剧中出现的颇具代表性的养生食物有以下几种。

白菜：长今曾在剧中巧妙地利用菘菜（白菜的别名）绿叶包饺子，个个皆同珍珠翡翠白玉一般模样。此外，韩国还经常将白菜做成泡菜食用。作为韩国饭桌上必不可少的小菜，泡菜的营养价值也极其丰富。它富含维生素、钙、磷等无机物和矿物质，以及人体所需的十余种氨基酸。泡菜也是韩国饮食文化的重要代表。相对而言，韩国纬度较高，冬季较为漫长，适宜蔬菜生长的时期较短。每年秋季，主妇们制作大量泡菜，以便在冬季食用。

海带汤：富有营养价值的海带汤，韩国家家户户过生日、坐月子、日常饮食都少不了它。海带中糖、钙、铁的含量远远超过了菠菜和油菜。它所含有的微量元素和甘露醇等有益于身体健康。

松子：韩国人认为松子可以滋补强身，在传统御膳上被广泛使用。松子可以裹上蜂蜜做甜点，也可以磨碎用来熬粥。它富含脂肪、蛋白质、碳水化合物等。作为重要的食补材料，久食松子可以滋润皮肤、延年益寿。

此外，韩剧里经常会出现喝补药的场景。他们喝的大部分都是一种叫作红参液的补品。红参是人参的熟用品，有大补元气、复脉固脱、益气摄血的功效。韩国人喜欢红参是因为红参是一种韩国本土特产，并具有一定滋补性。同时，还有很多养生人士喜欢通过红参来调理身体，尤其是体弱、缺乏免疫力的人群。红参在韩国可以说是国民补品。

韩国多山地、农耕地匮乏，因此农产品的价格偏昂贵。进口农产品的价格远低于本国生产的农产品，但韩国人都会买本国生产的农产品，不仅仅是受“身土不二”观念所影响，韩国人还认为本国产的农产品品质更好。因为韩国耕地面积有限，所以韩国农民会充分利用少量的土地进行精耕细作。